Und siehe, es war gut

Schöpfung und Weltverantwortung

Herausgegeben und eingeleitet von
Sigrid und Horst Klaus Berg

Kösel/Calwer

Biblische Texte verfremdet Band 9
Herausgegeben und eingeleitet von Sigrid und Horst Klaus Berg

CIP-Kurztitelaufnahme der Deutschen Bibliothek

Und siehe, es war sehr gut : Schöpfung u. Weltverantwortung /
hrsg. u. eingel. von Sigrid u. Horst Klaus Berg. – München :
Kösel ; Stuttgart : Calwer Verl., 1988
(Biblische Texte verfremdet ; Bd. 9)
ISBN 3-466-36374-8 (Kösel) kart.
ISBN 3-7668-0861-3 (Calwer Verl.) kart.
NE: Berg, Sigrid [Hrsg.]

Gesamtherstellung: Kösel, Kempten.
Umschlag: Günther Oberhauser, München, unter Verwendung des
Bildes »Wasser und Licht«, 1928, von Alexej Jawlensky.

ISBN 3-466-36374-8 (Kösel)
ISBN 3-7668-0861-3 (Calwer)

INHALT

EINFÜHRUNG

„Gute Nachricht“ – so kann man den aus dem Griechischen stammenden Begriff „Evangelium“ übersetzen. Tatsächlich hat das Wort in biblischer Zeit immer wieder Menschen als „Nachricht“ erreicht, als Neuigkeit, die Jubel auslöste oder auch Entsetzen, Trost gab oder zum neuen Aufbruch antrieb. Was ist davon geblieben?
Die immer gleichen Bibeltexte ziehen an uns vorüber: als Perikope im Gottesdienst, als vorgegebener Schriftabschnitt in der täglichen Lesung, als Stoff im Religionsunterricht. Dadurch kommt es zu einem fatalen Gewöhnungseffekt; „overfamiliar“ nennt man im Englischen ein Verhältnis, in dem übergroße Vertrautheit eine wirkliche Begegnung nicht mehr aufkommen läßt. Das allzu Bekannte erkennen wir nicht mehr. Aber nicht nur Gewöhnung ist die Gefahr, sondern auch, daß wir die biblische Botschaft nach unseren Bedürfnissen zurechtmachen. Aus dem Feuer des Wortes wird nur allzu leicht die Warmhalteplatte bürgerlich-religiöser Behaglichkeit. Wir müssen die Vertrautheit aufheben, damit die Bibel wieder frag-würdig wird. Eine wichtige Methode ist die Verfremdung. Die Bände „Biblische Texte verfremdet“ bieten dafür viele Beispiele und Anregungen.

Drei Schritte zum Verstehen

Wer sich mit Verfremdung beschäftigt, sieht sich mit Texten oder Bildern konfrontiert, die Aufmerksamkeit erregen und zur Auseinandersetzung provozieren wollen. Um genauer zu klären, was bei dieser Auseinandersetzung geschieht, wollen wir den Verstehensprozeß schrittweise darstellen, auch wenn er beim praktischen Umgang mit Verfremdungen sicher oft ganz anders verläuft.
Wir setzen nicht bei der fertigen Verfremdung ein; diese gewinnt ja ihr eigenes Profil erst durch die Spannung zum Bibeltext, mit dem sie kritisch umgeht.
Darum wollen wir in einem *1. Schritt* fragen, wie heute „Schöpfung“ verstanden und gebraucht wird. In einem *2. Schritt* sehen wir uns die

biblischen Texte an, die den Verfremdungen dieses Bandes zugrunde liegen. Schießlich untersuchen wir, mit welchen Absichten und Methoden sich heute Schriftsteller und Künstler verfremdend mit diesen Texten auseinandersetzen *(3. Schritt)*.
Das werden wir an Beispielen aus diesem Band erläutern. (Eine ausführliche Darstellung der Grundsätze und Verfahren bietet der Band 1 dieser Reihe an. Er enthält außerdem Vorschläge und Modelle zum Einsatz von Bibelverfremdungen in Religionsunterricht und Gemeindearbeit sowie Anleitungen zu eigenen Verfremdungsversuchen. Die Einleitungen zu den einzelnen Bänden können nur eine knappe Zusammenfassung anbieten; diese verwenden bei den Ausführungen über die Bedeutung der Verfremdung teilweise den gleichen Text.)

1. Schritt: „Schöpfung" heute

Bis vor wenigen Jahren gehörte die christliche Rede von der Schöpfung zu den zwar wichtigen, aber wenig aufregenden Glaubensinhalten. Das läßt sich gut am traditionellen Liedgut der Kirchen ablesen, beispielsweise an dem bekannten Lied „Nun danket all und bringet Ehr" (GL 267; EKG 231). Dies Beispiel belegt deutlich, wie Schöpfung in der Frömmigkeit aufgefaßt wurde:
– Sie bedeutet – als „fortgesetzte Schöpfung" – die Gewißheit der Fürsorge des Schöpfers für den einzelnen Menschen heute („. . . der uns von Mutterleibe an frisch und gesund erhält");
– diese Fürsorge zeigt sich im persönlichen Schicksal, aber auch in den sozialen Ordnungen („. . . auf unserem Volk und Land . . . zu allem Stand");
– die Anschauung dieser Fürsorge verpflichtet die Glaubenden zum Loben Gottes („Ermuntert euch und singt mit Schall . . .").
Eine solche Einstellung sorgt dafür, daß die Christen Gottes gutes Walten in Natur und sozialen Ordnungen erkennen und es ebenso dankbar wie passiv hinnehmen.
Erst die erschreckende Einsicht in die Gefährdung und Zerstörung der Umwelt hat im Blick auf „Schöpfung" ein neues Problembewußtsein aufkommen lassen. Viele Christen erkannten, daß der mit der biblischen Schöpfungsüberlieferung verbundene „Herrschaftsauftrag" die Bereitschaft zur Zerstörung der Natur gefördert hatte:

„Macht euch die Erde untertan" wurde allzu lange als Ermächtigung zur schrankenlosen Willkür und Ausbeutung mißverstanden und mißbraucht. Die traditionelle Passivität im Blick auf die Schöpfung trug in der Vergangenheit auch wenig zur Kritik an diesem Mißbrauch bei. So steht folgerichtig am Anfang der Neubesinnung auf die Schöpfung heute die kritische Auseinandersetzung mit dem „Herrschaftsauftrag": Wir haben verstanden, daß er ein „Herrschen" nach der Weise Gottes meint, der *allen* Geschöpfen ihr Lebensrecht gegeben hat und es beachtet. – Dieses Verständnis setzt nicht nur Kriterien zur kritischen Auseinandersetzung mit der Vergangenheit, sondern aktiviert auch Kräfte zum Einsatz für die bedrohte Schöpfung.
Es ist zu prüfen, ob diese neue Sicht der Botschaft der biblischen Texte entspricht.

2. Schritt: Die Botschaft der biblischen Texte

Im Zentrum der biblischen Überlieferung von der Erschaffung der Welt stehen die beiden „Schöpfungsberichte" in den ersten Kapiteln der Bibel. Der ältere Text ist in Gen 2,4b–24 überliefert; er wurde etwa im 10. Jahrhundert v. Chr. von einem unbekannten Autor festgehalten, den wir als „Jahwisten" (J) bezeichnen. Der andere Text (Gen 1,1–2,4a) stammt aus dem 6. vorchristlichen Jahrhundert und wird der sogenannten Priesterschrift (P) zugeschrieben. Trotz der unterschiedlichen Weltbilder, die die beiden Texte erkennen lassen, verbindet sie eine Reihe von Gemeinsamkeiten:

- „Schöpfung" bedeutet nicht: Erschaffung aus dem Nichts; sondern Gott stellt zuerst inmitten einer bedrohlichen Umgebung für seine Geschöpfe einen Lebensraum bereit: In Gen 1 errichtet er ein Gewölbe in den chaotischen Wasserfluten, damit Leben gedeihen kann; in Gen 2 grenzt er aus der Wüste oder Steppe den fruchtbaren Paradiesgarten aus. Das Chaos, die Bedrohung sind nicht ein für alle mal vernichtet, sondern bleiben; aber Gott hat sie grundsätzlich ausgeschlossen und dem Menschen in der Natur einen guten Lebensraum zugewiesen.
- Der gute Lebensraum ist *für alle* da; dem Menschen wird zwar eine Sonderstellung zugewiesen; aber er bleibt Geschöpf, Bruder und Schwester alles Geschaffenen.

– Die Schöpfung bedarf weiterer Bearbeitung, damit sie als Lebensraum erhalten bleibt; dies ist die Aufgabe des Menschen. Die Bibel bezeichnet diese Arbeit als „Bebauen und Bewahren“ (Gen 2,15).

Israel hat „Schöpfung“ auch als geschichtlichen Prozeß begriffen: vor allem der Einzug ins verheißene Land, das „Land, wo Milch und Honig fließt“, ist den Nomadenstämmen als Einweisung ins Paradies erschienen; dies belegt z. B. die Kundschaftererzählung in Num 13.

Israel hat aber auch die Gefährdung der Existenz im geschenkten Lebensraum gekannt: Die Einweisung ins Paradies *und* die Vertreibung gehören zusammen – die Bewahrung vor den Chaos-Wassern *und* die Sintflut – das Wohnen im verheißenen Land *und* die Vertreibung. Das Alte Testament erklärt diesen Zusammenhang mit den Begriffen von Schuld und Strafe. Doch wird man sich hüten müssen, hier vorschnell neuzeitliche Vorstellungen einzutragen. Der hebräische Mensch ist überzeugt, daß Sünde als böse Tat eine Vernichtungsdynamik auslöst, die sich gegen den Täter selbst wendet – auch ohne daß ein „Richter“ notwendig wäre, der die Schuld feststellt und die Strafe verhängt. Im Hinblick auf die Vorstellungen von der Schöpfung konkretisiert, heißt das: Der „Übertreter“ schlägt eine Bresche in die schützende Begrenzung, die Gott um den behüteten Lebensraum gelegt hat – und eben an dieser Stelle findet das Verderben Eingang: Die Chaos-Flut dringt ein; der Mensch hat das Paradies/das gute Land durch Ungehorsam, Ungerechtigkeit und Bosheit unbewohnbar gemacht – nun muß er anderswo sein Leben fristen. Dieser Zusammenhang von Schöpfung und selbst verschuldeter Vernichtung zieht sich durch die ganze Bibel. Immer wieder macht Jahwe aber auch mit den Überlebenden einen neuen Anfang (z. B. mit Noah) . . . bis zur nächsten Katastrophe.

Diese Erfahrungen haben sich dann verdichtet zur Hoffnung auf einen „neuen Himmel und eine neue Erde“, eine Neuschöpfung außerhalb der erfahrbaren Geschichte also, der eine kosmische Katastrophe vorausgeht. Das Neue Testament stellt dieser endzeitlichen Vorstellung aber auch die Zusage entgegen, daß mit Christus die „neue Schöpfung“ schon angefangen hat (2 Kor 5,17) und daß die Christen berufen sind, in der Nachfolge Jesu daran mitzuarbeiten, daß diese neue Welt schon jetzt Wirklichkeit wird.

3. Schritt: Verfremdungen bringen die biblische Überlieferung von der Schöpfung wieder deutlich zur Sprache

Es zeigt sich, daß Christen, die sich heute um ein neues Verständnis des „Herrschaftsauftrags“ bemühen, sich auf wichtige Grundzüge der biblischen Texte berufen können. Aber die Weite und Tiefe der Überlieferung sind offenbar noch nicht so deutlich zum Zug gekommen. Zu ihrer Erschließung können Verfremdungen beitragen; denn sie suchen und eröffnen neue Wege zur Bibel. Dafür hat sich eine charakteristische Formensprache entwickelt, die wir an Beispielen vorstellen wollen.
Vorab gehen wir noch kurz auf die Frage ein: wie kommt eigentlich eine Verfremdung zustande? Wir können dabei grundsätzlich zwei Wege unterscheiden: Einmal entstehen Texte im geplanten Gegenüber zu einer bestimmten Bibelstelle oder einem größeren Überlieferungszusammenhang. Als Beispiele aus diesem Band können wir 9.1 und 9.2; 9.19; 9.28 und viele andere notieren. Der andere Weg ist, daß im nachhinein zur biblischen Vorlage passende Texte und Bilder gesucht werden, die die Quelle erweitern, vertiefen, ihr widersprechen usw. Hier wären als Beispiele 9.4; 9.11; 9.12; 9.16 usw. zu nennen. Kriterium ist in beiden Fällen nicht, ob eine Verfremdung das biblische Gegenstück textgetreu wiedergibt, sondern ob deren Stoßrichtung aufgenommen wurde; das kann im Einzelfall durchaus bedeuten, daß der neue Text der biblischen Quelle radikal widerspricht – dann nämlich, wenn deren Aussage durch Abnutzung so selbstverständlich geworden ist, daß sie uns nicht mehr als Botschaft erreicht. Als Beispiele notieren wir die Gegen-Texte und -Bilder zu Gen 1: 9.1 und 9.2; 9.8; 9.9; 9.13–9.15.

Welches sind nun die charakteristischen Merkmale der Verfremdungen?

Neue Sprachformen heben die übergroße Vertrautheit auf

Zunächst einmal geht es in den Verfremdungen darum, die eingespielten Wahrnehmungsgewohnheiten des heutigen Lesers oder Hörers zu stören, dafür zu sorgen, daß das allzu Bekannte in neuem Licht erscheint. Dabei stützen sie sich auf die Verfremdungstheorie von Bertolt Brecht, die dieser im Blick auf die Erneuerung des

Theaters entwickelte („V-Effekt“). Brecht beschreibt den geplanten Vorgang so: „Der V-Effekt besteht darin, daß das Ding, ... auf welches das Augenmerk gerichtet werden soll, aus einem gewöhnlichen, bekannten ... Ding zu einem besonderen, auffälligen, unerwarteten Ding gemacht wird“ (Schriften zum Theater, Werkausgabe Bd. 15, Frankfurt 1967, S. 355).

Wie kann diese Wirkung erzielt werden?

Vor allem durch Aufbrechen der bisherigen Sprachformen. Wenn beispielsweise längere Bibeltexte auf wenige Zeilen verdichtet werden, weckt die ungewohnte Form nicht nur die Aufmerksamkeit, sondern zeigt auch bisher übersehene Aspekte des Textes; so konzentriert beispielsweise 9.33 die lange Noah-Geschichte auf die Frage, wie Gottes Anruf überzeugt, oder 9.37 auf die Eindeutigkeit und Verläßlichkeit der Verheißung. – Oder: eine meditative Paraphrase entfaltet den kurzen Bibeltext Gen 1,26 in eine ausgreifende Meditation und lädt zum Mit-Denken ein (9.10).

Viele Verfremdungen benutzen die sprachliche Form der Vorlage und füllen sie mit neuen Inhalten. Besonders gut eignen sich dafür Texte mit einer streng gebauten Form wie beispielsweise Gen 1; das belegen die Verfremdungen 9.1; 9.2 und 9.5. Oder der Autor wandelt die Aussage von Psalm 8 in eine Frage um: Aus „Du machtest ihn (den Menschen) wenig geringer als Engel, mit Ehre und Hoheit kröntest du ihn“ wird: „Warum hast du den Menschen so mächtig erhöht?“ (9.18). Auch hier geht es nicht um ein Sprachspiel; die Umwandlung soll eine Reflexion darüber auslösen, wie fragwürdig der Mensch mit seinem „Schöpfungsauftrag“ umgegangen ist. Oder der Autor benutzt eine andere Form, um einen wichtigen Inhaltsaspekt der biblischen Vorlage neu zur Sprache zu bringen: 9.21 zieht die Form der „Antithese“ heran, die eigentlich in der Bergpredigt beheimatet ist, um falsches und richtiges Verständnis des „Herrschaftsauftrags“ scharf gegenüberzustellen.

Eine besonders interessante Form hat Kurt Marti in seinen „Paradiescollagen“ gewählt (9.6). In vier Abschnitten montiert er Sprachmaterial, das er dem Werk verschiedenster Autoren entnommen hat. Dies auf den ersten Blick absurd erscheinende Spiel trägt der Einsicht Rechnung, daß das „Paradies“ – Ur-Erinnerung an eine vergangene Welt und Ur-Hoffnung auf eine kommende – niemals in stimmigen Bildern oder deutlichen Begriffen festzumachen ist. Allenfalls in Träumen, in Visionen von Künstlern und Schriftstel-

lern blitzt einmal ein Bruchstück des Paradieses auf; vielleicht bekommen wir ein wenig mehr zu sehen, wenn wir uns auf Martis Versuch einlassen, einige dieser Bruchstücke zu einer Collage zusammenzufügen.
Eine ganz eigene Sprache der Verfremdung hat die *bildende Kunst*. Eine ernstzunehmende Auseinandersetzung mit einem biblischen Inhalt will ja nicht ein vorgegebenes Thema illustrieren oder veranschaulichen, sondern sucht die eigene Perspektive. So bieten oft Kunstwerke im Zusammenhang mit biblischen Texten ganz überraschend neue Ansichten, die das Verstehen vertiefen.
Max Beckmann schuf seinen Zyklus von 27 Lithographien zur Apokalypse in den Jahren 1941/42; der Künstler schreibt selbst im Impressum: „Im vierten jahre des zweiten weltkrieges, als gesichte des apokalyptischen sehers grauenvolle wirklichkeit wurden, ist dieser druck entstanden." Diese Schreckensbilder aus einer Zeit der Vernichtung setzen beklemmend ins Bild, daß der Mensch imstande ist, das Gericht Gottes selbst in Gang zu setzen, ohne daß der Weltenrichter eine kosmische Katastrophe auslösen muß.
Eine spezifische Formsprache weist die afrikanische Kunst auf, wie das Beispiel 9.8 belegt. Strenge formale Geschlossenheit, Symmetrie und Wiederholung symbolisieren Einheit in der Vielfalt und Harmonie. Die Pointe erschließt sich erst bei genauerem Hinschauen: Der Mensch fehlt. Der Künstler will ausdrücken: Solange der Mensch nicht in Erscheinung tritt, hält der Frieden der Schöpfung, das heitere Spiel der Freude und Harmonie.
Die künstlerische Auseinandersetzung mit dem Thema dieses Bandes erfolgt vor allem im Medium der Karikatur. Sie ist eine der stärksten Waffen gegen festgefahrene Seh-Gewohnheiten und erstarrte Denk-Schablonen. Im Gegensatz zum Witz, der häufig nichts als unterhalten will, ist es das Interesse der Karikatur, auf problematische Zusammenhänge aufmerksam zu machen, inhumane Verhältnisse und Handlungsweisen zu entlarven und sie ins Licht der Kritik zu stellen. So setzt beispielsweise die Karikatur von Marie Marcks (9.4) ins Bild, daß in einer Welt, in der der Mensch alles machen und beherrschen will, der Dank an den Schöpfer schon subversiv erscheinen muß, weil er den menschlichen Allmachtswahn stört. Oder Peter Leger entlarvt den Glauben an die ständige Höherentwicklung des Menschen angesichts seiner Lebensgewohnheiten als lächerlich (9.11). Besonders scharf formuliert Bosc mit visuellen Mitteln seine

These: Wo der Mensch seine Welt zerstört, wird der Kampf ums Überleben gnadenlos (9.35). Etwas anders faßt Adolf Born das Thema auf: In blindem Egoismus kümmert sich der Mensch hemmungslos um sein Vergnügen – mag der Rest der Schöpfung darüber nur zugrunde gehen (9.39). (Vgl. dazu auch die Texte 9.31 und 9.34.)

Neue Perspektiven heben die Gewöhnung auf

Traditionellerweise nehmen wir die biblischen Texte in fest bestimmten Räumen und Zeiten wahr; ihr Ort ist die biblische Geschichte des Alten und Neuen Testaments – weit entfernt von unserer Lebenswelt. – Die meisten Verfremdungen strengen sich an, diese Vertrautheit aufzuheben und gleichzeitig den Abstand zu verringern, z. B. durch eine entsprechende Veränderung der Raum- oder Zeitperspektive. In unsere Gegenwart verlegen eigentlich alle den Handlungsort; deutlich zeigt sich die Verfremdung bei Texten und Bildern aus dem Themenkreis „Dritte Welt" (9.8; 9.22 bis 9.24; 9.48). Natürlich geht es hierbei nicht nur um die Verlegung des Schauplatzes – das wäre ja nichts anderes als ein vordergründiger Austausch der Kulissen! Insbesondere die Texte 9.23 und 9.24 zeigen, daß schon die Begriffe „Erste Welt" und „Dritte Welt" und vor allem die damit verbundenen Wertungen und Lebenschancen nichts anderes sind als ein Mißbrauch des von Gott gegebenen Auftrags, den guten Lebensraum *für alle* zu bewahren! – Einen besonders eindrücklichen Perspektiven-Wechsel in bezug auf den Raum erkennen wir in einem Text von Wilhelm Willms (9.28): das gelobte „land ist innen – das paradies muß in uns geboren werden, lassen wir aufbrechen das land ist innen".
Interessante neue Perspektiven ergeben sich immer dann, wenn die Sichtweise im personalen Bereich wechselt. Wir haben schon angedeutet, daß durchgehend der Mensch, in der biblischen Überlieferung als Ebenbild Gottes und Verwalter seiner guten Schöpfung angesprochen, in den verfremdenden Texten und Bildern als Störer und Zerstörer erscheint. Besonders beklemmend ist die Vorstellung, daß wir nicht auf das himmlische Strafgericht warten müssen, sondern schon längst dabei sind, es zu inszenieren – mitten im scheinbar normalen Alltagsgeschehen: 9.13; 9.19; 9.36; 9.43; 9.45; vgl. 9.50 und 9.51. Auf so leisen Sohlen kommt das Unheil daher,

daß nicht viele es bemerken . . . und die Theologen aus professioneller Blindheit vielleicht als die allerletzten (9.46)?
Wahrscheinlich kommt der Mensch nur noch zur Vernunft, wenn er die Kinder bestimmen läßt und an ihnen maßnimmt; das wollen die Texte 9.27 und 9.40 zeigen. Wollen die Anspielungen auf den Stall (9.42) möglicherweise sogar leise an die Geburt des Kindes erinnern, von dem wir das Heil erhoffen?

Provokationen brechen erstarrte Wahrnehmungsmuster auf

Nicht selten tragen Texte und Bilder, die biblische Überlieferung verfremden, ihre Sache so scharf pointiert vor, daß sie als Provokation empfunden werden, als Angriff auf die eigenen religiösen Gefühle, auf die Autorität der Schrift oder sogar auf die Ehre Gottes: Darf man einfach den Schöpfungsbericht so entstellen, daß die Erschaffung des Menschen nicht mehr die Tat Gottes, sondern das Machwerk des Teufels ist (9.14)? Und stimmt es denn, daß der Mensch nichts anderes als der Zerstörer der Schöpfung ist?
Gerade das genannte Beispiel zeigt aufs deutlichste, wer eigentlich die Zielscheibe des Satirikers ist: Nicht die Schrift, sondern der Mensch, der den biblischen Herrschaftsauftrag eben nicht so versteht und ausführt, wie er es als Ebenbild Gottes tun sollte, sondern so, als wenn er „des Teufels wäre"! So konfrontiert uns die Karikatur 9.4 hart mit der Frage, ob in unserer Macher-Welt überhaupt noch ein aufrichtiges (und Konsequenzen auslösendes!) Lob des Schöpfers einen Ort hat? (Mit diesen Fragen beschäftigen sich übrigens viele Bilder und Texte aus *Biblische Texte verfremdet,* Band 5: Warum ich Gott so selten lobe. Dort finden sich auch Verfremdungen zu den „Schöpfungspsalmen"). Oder der afrikanische Künstler Araziah Mbatha läßt uns der Frage nicht ausweichen, ob die Welt nicht friedlicher und glücklicher leben könnte, wenn es den Menschen nicht gäbe.
Diese Texte und Bilder wollen aus erstarrten Gewohnheiten zu einer neuen Begegnung mit der biblischen Botschaft und mit uns selbst herauslocken – nichts anderes heißt ja pro-vozieren! Wo unsere Sichtweisen und Handlungsmuster verhärtet sind, schlägt eine Verfremdung auch einmal provozierend drein, um neues Leben anzuregen. Das sollten wir bedenken, wenn wir uns provoziert fühlen.

Aufdecken des revolutionären Gehalts gibt der Botschaft ihre Dynamik zurück

Das Feuer des Wortes wieder anfachen – können Verfremdungen das? Jedenfalls können sie – gegen eine idyllisch-verharmlosende Sicht der biblischen Schöpfungstexte – ihre revolutionären Züge wieder sichtbar machen: Sie zeigen, daß das Allmachtsgebaren, dem wir immer wieder verfallen, nicht nur Gott als Schöpfer verdrängt, sondern zur Selbstzerstörung führt. Sie verschweigen nicht, daß Schöpfung von der Vernichtung bedroht bleibt. Das stellt die Selbstverständlichkeit des Fortschrittsglaubens radikal in Frage. Sie erzählen aber auch von der Hoffnung – und von der Fähigkeit zur Veränderung, die Gott uns gegeben hat.

Wir sind am Ende des Rundgangs durch die Verfremdungen dieses Bandes. Die Bilder und Texte sind ans Ziel gekommen, wenn sie uns aus lähmender Gewohnheit gelöst und aus gefährlicher Behaglichkeit aufgestört haben. Vielleicht kommen wir in die Bewegung hinein, die Wilhelm Willms so beschreibt: „Das Paradies muß aus uns geboren werden“ (9.28).

1 1 Im Anfang schuf Gott den Himmel und die Erde. 2 Die
Erde war aber wüst und öde, und Finsternis lag auf der Urflut,
und der Geist Gottes schwebte über den Wassern.
3 Und Gott sprach: Es werde Licht! Und es ward Licht. 4 Und
Gott sah, daß das Licht gut war, und Gott schied das Licht von
der Finsternis. 5 Und Gott nannte das Licht Tag, und die
Finsternis nannte er Nacht. Und es ward Abend und ward
Morgen: ein erster Tag.
6 Und Gott sprach: Es werde eine Feste inmitten der Wasser,
und sie scheide die Wasser voneinander! Und es geschah also.
7 Gott machte die Feste und schied die Wasser unter der Feste
von den Wassern über der Feste. 8 Und Gott nannte die Feste
Himmel. Und es ward Abend und ward Morgen: ein zweiter
Tag.
9 Und Gott sprach: Das Wasser unter dem Himmel sammle
sich an einen Ort, daß das Trockene sichtbar werde! Und es
geschah also. 10 Und Gott nannte das Trockene Land, und die
Ansammlung der Wasser nannte er Meer. Und Gott sah, daß
es gut war. 11 Und Gott sprach: Die Erde lasse sprossen
junges Grün: Kraut, das Samen trägt, und Fruchtbäume, die
nach ihrer Art Früchte tragen auf der Erde, in denen ihr Same
ist! Und es geschah also. 12 Die Erde ließ sprossen junges
Grün: Kraut, das Samen trägt nach seiner Art, und Bäume,
die Früchte tragen, in denen ihr Same ist, je nach ihrer Art.
Und Gott sah, daß es gut war. 13 Und es ward Abend und ward
Morgen: ein dritter Tag.
14 Und Gott sprach: Es sollen Lichter werden an der Feste des
Himmels, Tag und Nacht zu scheiden, und sie sollen als
Zeichen dienen und zur Bestimmung von Zeiten, Tagen und
Jahren, 15 und sie seien Lichter an der Feste des Himmels, daß
sie auf die Erde leuchten! Und es geschah also. 16 Gott machte
die zwei großen Lichter: das größere Licht, daß es den Tag
beherrsche, und das kleinere Licht, daß es die Nacht beherr-
sche, dazu auch die Sterne. 17 Und Gott setzte sie an die Feste
des Himmels, daß sie auf die Erde leuchten 18 und Tag und
Nacht beherrschen und Licht und Finsternis scheiden. Und

Gott sah, daß es gut war. 19 *Und es ward Abend und ward*
Morgen: ein vierter Tag.
20 *Und Gott sprach: Es wimmle das Wasser von lebenden*
Wesen, und Vögel sollen fliegen über der Erde an der Feste
des Himmels! Und es geschah also. 21 *Gott schuf die großen*
Seetiere und alles, was da lebt und webt, wovon das Wasser
wimmelt, und alle geflügelten Tiere, ein jegliches nach seiner
Art. Und Gott sah, daß es gut war. 22 *Und Gott segnete sie und*
sprach: Seid fruchtbar und mehret euch und füllet die Wasser
des Meeres, und die Vögel sollen sich mehren auf der Erde!
23 *Und es ward Abend und ward Morgen: ein fünfter Tag.*
24 *Und Gott sprach: Die Erde bringe hervor lebende Wesen:*
Vieh, kriechende Tiere und Wild des Feldes, ein jegliches
nach seiner Art! Und es geschah also. 25 *Gott machte alle die*
verschiedenen Arten des Wildes und des Viehs und alles
dessen, was auf dem Erdboden kriecht. Und Gott sah, daß es
gut war.
26 *Und Gott sprach: Lasset uns Menschen machen nach un-*
serm Bilde, uns ähnlich; die sollen herrschen über die Fische
im Meer und die Vögel des Himmels, über das Vieh und alles
Wild des Feldes und über alles Kriechende, das auf der Erde
sich regt. 27 *Und Gott schuf den Menschen nach seinem Bilde,*
nach dem Bilde Gottes schuf er ihn; als Mann und Weib schuf
er sie. 28 *Und Gott segnete sie und sprach zu ihnen: Seid*
fruchtbar und mehret euch und füllet die Erde und machet sie
euch untertan, und herrschet über die Fische im Meer und die
Vögel des Himmels, über das Vieh und alle Tiere, die auf der
Erde sich regen! 29 *Und Gott sprach: Siehe, ich gebe euch*
alles Kraut, das Samen trägt, auf der ganzen Erde, und alle
Bäume, an denen samenhaltige Früchte sind; das soll eure
Speise sein. 30 *Aber allen Tieren der Erde und allen Vögeln*
des Himmels und allem, was sich regt auf der Erde, was
Lebensodem in sich hat, gebe ich alles Gras und Kraut zur
Nahrung. Und es geschah also. 31 *Und Gott sah alles an, was*
er gemacht hatte, und siehe, es war sehr gut. Und es ward
Abend und ward Morgen: der sechste Tag.

2 [1]Also wurden vollendet der Himmel und die Erde mit
ihrem ganzen Heer. [2]Und Gott vollendete am siebenten Tage
sein Werk, das er gemacht hatte, und er ruhte am siebenten
Tage von all seinem Werke, das er gemacht hatte. [3]Und Gott
segnete den siebenten Tag und heiligte ihn; denn an ihm hat
Gott geruht von all seinem Werke, das er geschaffen und
vollbracht hat.
[4]Dies ist die Entstehung des Himmels und der Erde, als sie
geschaffen wurden.
Zur Zeit, da Gott der Herr Erde und Himmel machte – [5]noch
gab es aber kein Gesträuch des Feldes auf Erden und noch
wuchs kein Kraut auf dem Felde; denn Gott der Herr hatte
noch nicht regnen lassen auf die Erde, und es war kein Mensch
da, den Boden zu bebauen; [6]ein Wasserschwall aber brach
hervor aus der Erde und tränkte alles Land – [7]da bildete Gott
der Herr den Menschen aus Erde vom Ackerboden und
hauchte ihm Lebensodem in die Nase; so ward der Mensch ein
lebendes Wesen.
[8]Dann pflanzte Gott der Herr einen Garten in Eden gegen
Osten und setzte den Menschen darein, den er gebildet hatte.
[9]Und Gott der Herr ließ allerlei Bäume aus der Erde wach-
sen, lieblich anzusehen und gut zu essen, und den Baum des
Lebens mitten im Garten, und den Baum der Erkenntnis des
Guten und des Bösen. [10]Es entspringt aber ein Strom in Eden,
den Garten zu bewässern; von da aus teilt er sich in vier Arme;
[11]der erste heißt Pison; das ist der, welcher das ganze Land
Hawila umfließt, wo das Gold ist; [12]und das Gold jenes
Landes ist köstlich. Da findet man auch das Bdellionharz und
den Edelstein Soham. [13]Der zweite Fluß heißt Gihon; das ist
der, welcher das ganze Land Kusch umfließt. [14]Der dritte
Fluß heißt Hiddekel [d. i. Tigris]; das ist der, welcher östlich
von Assur fließt. Der vierte Fluß ist der Euphrat. [15]Und Gott
der Herr nahm den Menschen und setzte ihn in den Garten
Eden, daß er ihn bebaue und bewahre.
[16]Und Gott der Herr gebot dem Menschen und sprach: Von
allen Bäumen im Garten darfst du essen; [17]nur von dem

Baume der Erkenntnis des Guten und des Bösen, von dem darfst du nicht essen; denn sobald du davon ißest, mußt du sterben.
[18] *Und Gott der Herr sprach: Es ist nicht gut, daß der Mensch allein sei. Ich will ihm eine Hilfe schaffen, die zu ihm paßt.*
[19] *Da bildete Gott der Herr aus Erde alle Tiere des Feldes und alle Vögel des Himmels und brachte sie zum Menschen, um zu sehen, wie er sie nennen würde; und ganz wie der Mensch sie*
nennen würde, so sollten sie heißen. [20] *Und der Mensch gab*
allem Vieh und allen Vögeln des Himmels und allen Tieren des Feldes Namen; aber für den Menschen fand er keine Hilfe, die
zu ihm paßte. [21] *Da ließ Gott der Herr einen Tiefschlaf auf den*
Menschen fallen, so daß er einschlief. Und er nahm eine von seinen Rippen heraus und schloß die Stelle zu mit Fleisch.
[22] *Und Gott der Herr baute ein Weib aus der Rippe, die er vom Menschen genommen hatte, und führte sie dem Menschen*
zu. [23] *Da sprach der Mensch: „Diese ist nun endlich Gebein von meinem Gebein und Fleisch von meinem Fleische. Die soll Männin heißen; denn vom Mann ist sie genommen."*
[24] *Darum verläßt der Mann Vater und Mutter und hängt*
seinem Weibe an, und sie werden ein Leib. [25] *Und die beiden,*
der Mensch und sein Weib, waren nackt und schämten sich nicht.

Genesis 1–2

9.1

Im zwanzigsten jahrhundert
schufen die gelehrten himmel und erde neu
und es lag öl auf den wassern
und die gelehrten sagten:
laßt uns menschen machen
wissenschaftlich vertretbare menschen

zuerst hatten sie den modernen westen gemacht
und sie sahen daß es gut war
der milliardenste tag
und die gelehrten sagten:
seid ökonomisch und nicht fruchtbar
werdet einsam miteinander
gebraucht die pille und verbannt die bombe
da ward es abend und morgen
und es begann dunkel zu werden

dann schufen sie das fliegende getier
– düsenjäger, bombenflugzeuge und raketen –
je nach ihrer art
das fahrende getier
– kanonen, tanks und panzerwagen –
je nach ihrer art
und die unterseeboote
je nach ihrer art
und sie sahen daß es schief ging und sie sprachen:
es sollen menschen um die sonne kreisen
und es sollen raketen auf dem mond landen
da fanden die rotkehlchen daß es gut war,
und flöteten das lied das sie von gott gelernt hatten.

Freed Rota

9.2 Die letzten Tage der Schöpfung

Am Anfang schuf Gott Himmel und Erde
Aber nach vielen Jahrmillionen
war der Mensch endlich klug genug.
Er sprach: Wer redet hier von Gott?
Ich nehme meine Zukunft in die Hand.
Er nahm sie,
und es begannen die letzten sieben Tage der Erde.

Am Morgen des ersten Tages
beschloß der Mensch
frei zu sein und gut, schön und glücklich.
Nicht mehr Ebenbild eines Gottes,
sondern ein Mensch.
Und weil er etwas glauben mußte,
glaubte er an die Freiheit und an das Glück,
an Zahlen und Mengen,
an die Börse und den Fortschritt,
an die Planung und seine Sicherheit.
Denn zu seiner Sicherheit
hatte er den Grund zu seinen Füßen gefüllt
mit Raketen und Atomsprengköpfen.

Am zweiten Tage
starben die Fische in den Industriegewässern,
die Vögel am Pulver aus der chemischen Fabrik,
das den Raupen bestimmt war,
die Feldhasen an den Bleiwolken von der Straße,
die Schoßhunde an der schönen roten Farbe der Wurst,
die Heringe am Öl auf dem Meer
und an dem Müll auf dem Grunde des Ozeans.
Denn der Müll war aktiv.

Am dritten Tage
verdorrte das Gras auf den Feldern
und das Laub an den Bäumen,

das Moos an den Felsen und die Blumen in den Gärten.
Denn der Mensch machte das Wetter selbst
und verteilte den Regen nach genauem Plan.
Es war nur ein kleiner Fehler
in dem Rechner, der den Regen verteilte.
Als sie den Fehler fanden, lagen die Lastkähne
auf dem trockenen Grund des schönen Rheins.

Am vierten Tage
gingen drei von vier Milliarden Menschen zugrunde.
Die einen an den Krankheiten,
die der Mensch gezüchtet hatte,
denn einer hatte vergessen, die Behälter zu schließen,
die für den nächsten Krieg bereitstanden.
Und ihre Medikamente halfen nichts.
Die hatten zu lange schon wirken müssen
in Hautcremes und Schweinelendchen.
Die anderen starben am Hunger,
weil etliche von ihnen den Schlüssel
zu den Getreidesilos versteckt hatten.
Und sie fluchten Gott,
der ihnen doch das Glück schuldig war.
Es war doch der liebe Gott!

Am fünften Tage
drückten die letzten Menschen den roten Knopf,
denn sie fühlten sich bedroht.
Feuer hüllte den Erdball ein,
die Berge brannten, die Meere verdampften,
und die Betonskelette in den Städten
standen schwarz und rauchten.
Und die Engel im Himmel sahen,
wie der blaue Planet rot wurde,
dann schmutzig braun und schließlich aschgrau.
Und sie unterbrachen ihren Gesang für zehn Minuten.

Am sechsten Tage
ging das Licht aus.
Staub und Asche verhüllten die Sonne,
den Mond und die Sterne.
Und die letzte Küchenschabe,
die in einem Raketenbunker überlebt hatte,
ging zugrunde an der übermäßigen Wärme,
die ihr gar nicht gut bekam.

Am siebten Tage
war Ruhe. Endlich.
Die Erde war wüst und leer,
und es war finster über den Rissen und Spalten,
die in der trockenen Erdrinde aufgesprungen waren.
Und der Geist des Menschen
irrlichterte als Totengespenst über dem Chaos.
Tief unten in der Hölle, aber
erzählte man sich die spannende Geschichte
von dem Menschen,
der seine Zukunft in die Hand nahm,
und das Gelächter dröhnte hinauf
bis zu den Chören der Engel.

Jörg Zink

9.3

Liebet die ganze Schöpfung Gottes!
Sowohl den ganzen Erdball, wie auch das kleinste Sandkorn.
Jedes Blättchen liebet, und jeden Sonnenstrahl!
Liebet alle Dinge!

Wenn ihr das tut, so werden sich euch in ihnen die Geheimnisse Gottes offenbaren. Und wenn das geschieht, so werdet ihr ihn selbst von Tag zu Tag mehr erkennen. Und schließlich werdet ihr ihn und die ganze Welt in einer einzigen großen Liebe umfassen.

Fjodor Dostojewskij

9.4

Zeichnung: Marie Marcks

9.5 Traum vom Ende der Schöpfung

Am Anfang schuf Gott Himmel und Erde.
Aber erst nach vielen Jahrmillionen
hatten die Menschen endlich den Auftrag Gottes begriffen:
„Macht euch die Erde untertan!"
Und sie begannen immer mehr das zu werden,
wozu sie Gott von Anfang an geschaffen hatte:
Sein Ebenbild.

Und so begannen die letzten sieben Jahre der Erde.
Am ersten Tag des ersten Jahres
wurde der Weltfrieden geschaffen.
Denn die Menschen beschlossen,
kein Geld mehr für Krieg und Vernichtungswaffen auszugeben.
Es gab einen vollkommenen Rüstungsstop auf der ganzen Erde.
Und die Vernichtungswaffen wurden vernichtet.

Am ersten Tag des zweiten Jahres
wurde die Natur zum zweiten Mal geschaffen.
Die Menschen begannen nämlich mit dem Bau
der letzten Kläranlagen.
Die Umwelt wurde nicht mehr vergiftet.
Flüsse und Meere waren befreit von Müll und Chemikalien.
Fische und Meeresungeheuer tummelten sich wieder im Wasser,
ein jedes nach seiner Art.

Am ersten Tag des dritten Jahres
war es endlich auch eine Lust,
in der Stadt zu leben.
Denn die Menschen hatten das Problem der Luftverschmutzung gelöst.
Bleiwolken und Kohlendioxyddämpfe verschwanden.
Und über der Stadt ging strahlend die Sonne auf.

Am ersten Tag des vierten Jahres
gab es wieder natürliches Leben in der Stadt:
Pflanzen und Tiere.
Denn die Menschen hatten die letzte Grünanlage fertiggestellt.
Kein Wohnviertel ohne Blumen und Bäume,
und die Menschen wurden vom Vogelgezwitscher geweckt.
Und um die Städte wurden ganze Gürtel von Wiesen und Wäldern angelegt.
Niemand mehr mußte aus der Stadt flüchten.

Am ersten Tag des fünften Jahres
war es den Ärzten endlich gelungen,
die letzte Krankheit zu besiegen.
Das Durchschnittsalter war 120 Jahre geworden,
und die Menschen konnten
in körperlicher und geistiger Frische
ihre Lebensaufgabe erfüllen.

Am ersten Tag des sechsten Jahres
wurde die Sorge um die Seele
als öffentliche Aufgabe anerkannt.
Denn die Menschen erkannten,
daß der Mensch ohne die Zuneigung und Freundschaft
anderer Menschen
nicht wirklich leben kann.
Von nun an galt für sie:
Erst wenn wir für andere da sind, leben wir richtig!

Und so wurden die Hungersnöte abgeschafft,
die soziale und politische Unterdrückung, der Rassenhaß,
jeder wußte nun,
daß die Liebe die Grundlage der menschlichen Gesellschaft ist.

Am ersten Tag des siebenten Jahres
war endlich Gottes Schöpfung vollendet.
Und die Menschen ruhten aus
von all dem, was sie im Auftrag Gottes getan hatten.
Und Gott wohnte mitten unter den Menschen,
und sie lobten und priesen ihn,
und sangen ihm ihr Halleluja in Ewigkeit. *Inge Karner*

9.6 paradiescollagen

I

da tönte des göttlichen mund melodische gnaden
worte aus purpur
echtes heiliges lachen am fluss –
die wussten alles
die wilden augen
die heiligen schreie:
hurra für jene die niemals etwas erfanden
hurra für jene die niemals etwas erforschten
hurra für jene die niemals etwas bezwangen

klopstock	aber sich geben – ergriffen – dem wesen der dinge –
senghor	
ginsberg	sie lehnen sich mächtig
césaire	an die wölbung des äthers
gütersloh	ihn zu erweitern

II

aus den worten tauchen die lippen empor
wie eine hymne möchte ich fliegen:
heilig new york heilig san francisco heilig peoria und
seattle heilig tanger heilig moskau heilig istambul
alas atlas

arp	blendende ararate
jolas	die grossen sonnen heiss dichtdrüber
ginsberg	mit wildem kometenschrei –
schuldt	menschen lagern auf dächern vergangener städte
mombert	in persia in grächia
senghor	in verblichenen gewändern
mombert	strahlend von juwelen
klopstock	kronen aus urlicht kröneten sie

III

	die meermädchen sind in die wüste gekommen
	wie meilerrauch rieselt
	verschüttete seele
	tausendspaltig herauf
	wir sind nahe den bitten:
	seliger geist bricht aus meinem herzen
lamantia	eine schön geründete weib-welt –
gütersloh	leben setzt bei sich selbst wieder ein
uhlmann	
mombert	ein kinderwagen
vigée	ist
lamantia	der mittelpunkt der welt

IV

crane	und jetzt der grosse wink der ewigkeit
h. miller	der tod des automaten
klopstock	schnelle geflügelte bilder
mombert	und tief im norden
schuldt	zerschellen zirkelschatten rücklings –
derleth	gekrönt ist jeder wunsch
jolas	im feuertraum der auferstandenen toten
symeon	
der	
theolog	denn das ist ja das leben: dich erkennen
däubler	die sonne unter uns

Kurt Marti

Und Gott sprach: Lasset uns Menschen machen nach unserm Bilde, uns ähnlich; die sollen herrschen über die Fische im Meer und die Vögel des Himmels, über das Vieh und alles Wild des Feldes und über alles Kriechende, das auf der Erde sich regt.

Genesis 1,26

9.7

Vor dem Menschen die Tiere. Und der Mensch dreht es dann um. Das rächt sich. Natürlich. Auf natürliche Weise: fischig, vögelnd, entglitschend, verfliegend . . .
Mein Gott, deine Schöpfung programmiert schon am fünften Tag das Mirakel des sechsten: den Menschen.
Ängstlich wie ein Hase, geduldig wie ein Lamm, brünstig wie ein Hirsch, brüllend wie ein Stier, reißend wie ein Löwe, stolz wie ein Pferd, gutmütig wie ein Elefant, sich krümmend wie ein Wurm, stur wie ein Esel und zickig wie eine Ziege, macht er sich – Fuchs, Igel, Schwein – die Erde untertan.
Verbrauchte Klischees für ein unklischierbares Wesen, das Gott braucht. Syntaktische Zweideutigkeit: Wer braucht hier wen?

Jürgen Rennert

9.8

Azaria Mbatha: Schöpfung

9.9

Lasset uns den Menschen machen
nach unserem Bild und Gleichnis,
spricht der aufgeklärte Mensch.

Und er machte einen Menschen:
aufgebläht,
uneinsichtig,
ohne Sinn,
ohne Halt.

Kurz ist der Weg
von der Erfolgsgeneration
zum Degenerationserfolg.

Martin Gutl

9.10

Und Gott wollte den Menschen,
ein sichtbares Bild seiner Herrschaft auf Erden.
Nicht als einen Sklaven ohne Ich wollte er ihn,
sondern frei,
nicht als Marionette,
sondern als bündnisfähigen Partner.
Und Gott beschenkte den Menschen
mit Intelligenz und eigenem Willen,
mit Fantasie und Gefühlen,
mit Selbstvertrauen und Tatkraft
und mit der Fähigkeit zur Liebe.

Und Gott ließ die Menschheit werden
über Millionen Jahre hinweg.
Aus niederen Stufen stieg auf
das Menschenwesen

mit höher entwickeltem Gehirn
und mit erwachendem Bewußtsein.
Und Gott ließ die Menschen aufwachsen
im Dunkel undurchdringbarer Vorgeschichte
aus den Vormenschen, Halbaffenmenschen,
aus Lebewesen, die ihren Gang aufrichteten.
Aus Urwäldern, aus dem Dschungel kamen sie
und drangen vor in die Savannen,
in offene Landschaften,
mit ersten Werkzeugen und Waffen.
In Gruppen lebten sie – füreinander,
und gaben sich Schutz und Hilfe.

So wurde der Mensch ein Ebenbild Gottes.
Und Gott verlieh ihm die Gabe,
Laute zu bilden und Worte zu formen,
Begriffe zu ersinnen und Namen zu geben,
um seine Erfahrungen auszuwerten.
Und Gott schenkte dem Menschen
das Vermögen, sich mitzuteilen,
einem anderen zuzuhören
und ihn zu verstehen.

So schuf Gott den Menschen –
ein offenes, entwicklungsfähiges Wesen
in der Gemeinschaft,
begabt, die Natur zu beobachten,
ihre Gesetze zu erkennen
und sich dienstbar zu machen.
Und der Mensch wurde ein Partner Gottes,
frei zu verantwortlichem Leben,
geschaffen, Gottes Größe und Liebe zu erahnen,
seine Stimme zu vernehmen
und ihn zu erkennen im Glauben.

Manfred Fischer

9.11

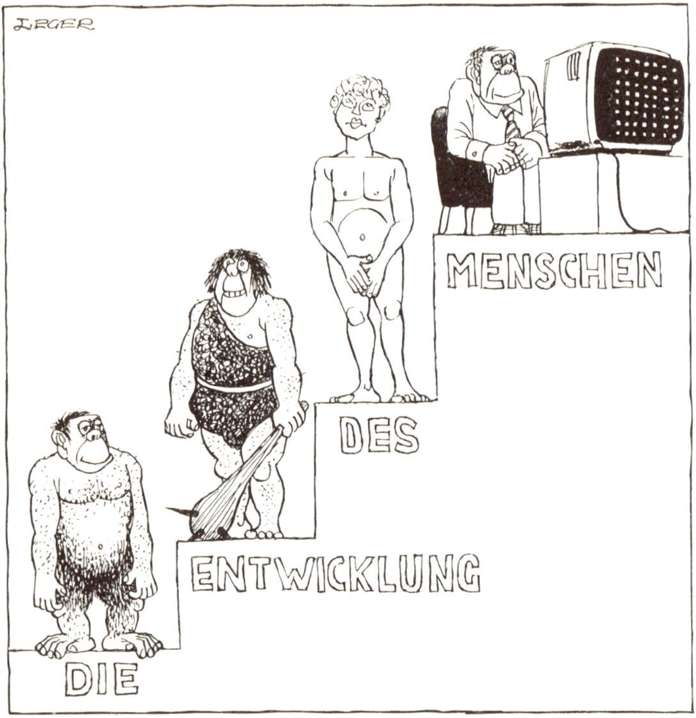

Zeichnung: Peter Leger

9.12 Die Entwicklung der Menschheit

Einst haben die Kerls auf den Bäumen gehockt,
behaart und mit böser Visage.
Dann hat man sie aus dem Urwald gelockt
und die Welt asphaltiert und aufgestockt,
bis zur dreißigsten Etage.

Da saßen sie nun, den Flöhen entflohn,
in zentralgeheizten Räumen.
Da sitzen sie nun am Telefon.
Und es herrscht noch genau derselbe Ton
wie seinerzeit auf den Bäumen.

Sie hören weit. Sie sehen fern.
Sie sind mit dem Weltall in Fühlung.
Sie putzen die Zähne. Sie atmen modern.
Die Erde ist ein gebildeter Stern
mit sehr viel Wasserspülung.

Sie schießen die Briefschaften durch ein Rohr.
Sie jagen und züchten Mikroben.
Sie versehn die Natur mit allem Komfort.
Sie fliegen steil in den Himmel empor
und bleiben zwei Wochen oben.

Was ihre Verdauung übrigläßt,
das verarbeiten sie zu Watte.
Sie spalten Atome. Sie heilen Inzest.
Und sie stellen durch Stiluntersuchungen fest,
daß Cäsar Plattfüße hatte.

So haben sie mit dem Kopf und dem Mund
den Fortschritt der Menschheit geschaffen.
Doch davon mal abgesehen und
bei Lichte betrachtet sind sie im Grund
noch immer die alten Affen.

Erich Kästner

9.13 Posthum

Und Gott sprach zu den Wesen,
die nun auf der Erde sich tummelten:
„Wenn Ihr tief genug grabt
oder geduldig die Angel auswerft,
dann wird auch die Stunde kommen,
wo Ihr auf Menschen stoßt,
die ich nach meinem Bilde dereinst gemacht,
die aber nach ihrem Bilde leben wollten,
sich mit Schmutz und Gift bewarfen,
bis sie schließlich darin ertrunken,
erstickt oder verdurstet sind,
weil jeder mit seinem Besen
den Schmutz vor des anderen Türe kehrte,
solange, bis Wälder und Flüsse,
Kapellen und Kirchen,
Häuser und Höfe,
Kinder und Kegel
nicht mehr zu sehen, sondern nur noch zu riechen waren."

Und Gott sprach zu den Wesen,
die nun auf der Erde sich tummelten:
„Eigentlich ist es schade,
denn der Mensch war mein Lieblingsspielzeug
und ich hatte meinen Gefallen an ihm;
und vielleicht war es ein Fehler von mir,
ihm zu gestatten
eigene Wege zu gehen.
Meine Wege sind zwar unerforschlich,
aber die Wege des freien Menschen
führten ihn in Schlamm und Morast,
wie er's haben und nicht haben wollte.

Nun liegt die Menschheit
unter Abfall und Auswurf,

tief im eigenen Schmutz.
Erst warf man Papier und Steine weg,
Tüten und Flaschen,
Speisen und Plastikeimer,
dann warf man die Kühe weg,
die fraßen vergiftetes Gras.
Und zuletzt warf der Mensch sich weg,
immer einer zum andern,
immer einer zum andern,
immer einer zum andern,
die letzten fielen von selbst um.

Und ich ließ sie zuregnen mit himmlischer Asche.
Als sich der letzte noch einmal bewegte,
las ich von seinen Lippen:
'Es muß was geschehen!'
Da ließ ich ihn langsam ertrinken . . ."

Und Gott sprach zu den Wesen,
die nun auf der Erde sich tummelten:
„Wenn ich noch einmal Menschen mache,
dann bekommen sie keinen freien Willen,
dann werd' ich sie dumm, aber glücklich halten.
Geht nun an Eure Arbeit!"

Und die Wesen gingen an ihre Arbeit.
Es waren Geier, die sollten das Oberflächlichste
vom Oberflächlichsten säubern
und fanden bald ein Papier,
darauf stand noch mit Filzstift geschrieben:
„Kundgebung gegen die Umweltverschmutzung!
Kommt alle in Massen! Es muß etwas geschehen!
20 Uhr 15 Gemeindehaus!"

Hanns Dieter Hüsch

9.14 Im Anfang

(Schritte)

„Niemand kann deine Schönheit bewundern“,
sprach der Teufel zu Gott in der Höh’
„Und ich hab’ mich selbst an die Wand gemalt,
auch das kann niemand sehen!
Wozu diese ewige Finsternis?
Entschuldige, du Gott, ich verstehe das nicht!“
„Du hast recht!“ rief der Herr zum Teufel,
und er sprach: „Es werde Licht!“

„Gut“, sprach der Teufel zum Herrn,
„du hast Tag und Nacht geschaffen,
doch wenn es Tag ist, wo wirst du spielen,
wenn es Nacht ist, wo wirst du schlafen?“
„Wo werd’ ich spielen?
Wo werd’ ich schlafen?
Oh ja, wie recht du hast!“
Und Gott schuf den weiten Himmel,
er wurde sein Prachtpalast.

„Gut gemacht“, sprach der Teufel,
„du wohnst jetzt, wie sich’s gehört.
Nur der Ausblick, den du hast,
der ist deiner noch nicht wert!“
„Ja, bunte Blumen sollen blühen auf der Erde,
ich will Farben sehen“, rief der Herr.
Und er schuf auch die grünen Wälder,
und er schuf das blaue Meer.

„Sei gepriesen!“ rief der Teufel,
„du hast ein Wunder vollbracht!
Du hast die Erde da unten

schöner als deinen eigenen Himmel gemacht!“
Schöner als den eigenen Himmel?
„Moment einmal“, rief der Herr,
und er schmückte ihn schnell mit Juwelen,
das waren Sonne, Mond und Sterne.

„Welch eine Pracht!“ jubilierte der Teufel,
„Psalmen sollen erklingen,
doch das Problem ist, edler Herr,
es ist niemand da, sie zu singen!“
„Dann müssen Sänger her!“ rief Gott,
„die zu mir schnattern, miauen, tirilieren,
die zu mir bellen, die zu mir röhren!“
Und der Herr schuf die Tiere.

„Geliebter Herr“, schleimte der Teufel,
„fünf Wunder hast du vollbracht,
aber fehlt nicht noch ein Wesen,
nach deinem Ebenbild gemacht?“
„Das mach’ dir selbst!“ sprach Gott,
„ich bin müde, ich will schlafen!“
Und so hat am sechsten Tag
der Teufel den Menschen erschaffen.

Ludwig Hirsch

9.15

Zeichnung: Jals

9.16 Die Erschaffung des Menschen

I

Einmal beging er
den Leichtsinn
sich aufzurichten
mit einem Grunzen und
gesträubten Fells
um einen Nebenbuhler
in die Flucht zu schlagen
als ein schönes Weibchen
auf allen vieren
aus einer Bodensenke kam

oder mit einem Schmatzen
weil eine Nuß
an einem dünnen Ast
für seinen Arm
zu hoch hing

wie immer auch
Er hat sich aufgerichtet
ein neuer Tätertyp
vor dem das Filmplakat
mich heut noch warnt
er überbiete alle
dagewesenen Schrecken

II

(Michelangelo Sixtinische Kapelle)

Diese Geburt
aus der Fingerspitze
Jeden Morgen
möchte ich so aufwachen

meinen Ellbogen
aufs Knie stützen
den Kopf drehn
jeden Morgen
diese Augenwende
unter dem rissigen Himmel

Mich ängstigt
die kleine Spanne
zwischen meinem
und dem mir von
weither entgegen-
gestreckten Zeigefinger
Millimeter nur aber

ein enges Öhr
da muß die innigere
Auskunft hindurch
daß mir die aller-
treuste Pflege
zuteil werden soll

Eva Zeller

Und Gott segnete sie und sprach zu ihnen: Seid fruchtbar und mehret euch und füllet die Erde und machet sie euch untertan, und herrschet über die Fische im Meer und die Vögel des Himmels, über das Vieh und alle Tiere, die auf der Erde sich regen. Genesis 1,28

Was ist doch der Mensch,
daß du seiner gedenkst?
und des Menschen Kind,
daß du dich seiner annimmst?
Du machtest ihn wenig geringer als Engel,
mit Ehre und Hoheit kröntest du ihn.
Du setztest ihn zum Herrscher
über das Werk deiner Hände. Psalm 8, 5–7

Selig sind die Sanftmütigen;
„denn sie werden das Land besitzen". Matthäus 5,5

9.17 Was ist der Mensch
daß Du seiner gedenkst?

Dein Experiment
das Du abbrechen mußt?
Eine Raubtierart
die sich rascher vermehrt
als ihre Beute?
Ist die Einbettung
seiner Spur
im Trümmerschutt
schon zu finden?
Der Einschluß seiner Kralle
in die harzigen
Tränen der Bäume
an denen die Fische
stumm defilieren?

Eva Zeller

9.18 Die Ungeborenen schlagen Alarm

Mein Gott, dein Name ist billig geworden,
eine Redewendung, ohne Wende zu dir.

Warum hast du
den Menschen so mächtig erhöht?
Warum läßt du ihn herrschen,
den Adamssohn aus Staub und Geist,
auf deinem schönen Wasserplaneten?
Warum hast du
dein Werk in seine Hände gelegt?

Schon sind ihm zur Beute geworden
die Vögel, die Fische, die Erde, der Wald.
Er pflegt nur, was er brauchen kann,
zum Marktwert geschätzt,
gemästet, geschlachtet, filtriert, destilliert.
Im Tierpark stellt er das letzte Wild,
die letzten Arten zur Ansicht aus.

Was er mit Händen und Maschinen
sich selbst schuf,
mit Arbeitsheeren und Computern,
mit Stahlbeton, Strom und Atomen,
macht ihn zum Schicksalsmacher.
Leben läßt er oder sterben
und möchte selbst gern todlos sein.

Aber die Säuglinge reden mit dir.
Die Ungeborenen schlagen Alarm.
Herrlich erweist sich dein Name.

Arnim Juhre

9.19 Macht euch die Erde untertan

So rüstet er tödliche Waffen gegen sich selbst

Macht hat, wer das Atom spaltet
zu nicht-friedlichen Zwecken.
Mächtig ist, wer die Bombe zündet
unter Wasser, in der Atmosphäre und
in der Stratosphäre.

Die mächtigen Mächte bestimmen die Radioaktivität
gegen den Schutz der Menschen.
Aber die Todesstrahlen werden auf sie zurückregnen
wie ein brennender Bumerang und sie vernichten.
Sie verspielen Gottes Schöpfung.
Sieh her, Gott, mit dem Mäntelchen der Wissenschaft
bereiten sie das Ende vor.
Sie graben eine Grube und bauen sie aus,
doch stürzen die selbst hinein, die sie gemacht haben.

Ihre Haare werden versengt
und ihre Körper verseucht –
mit ihnen stirbt ihr Geschlecht –
Nachkommen zu zeugen, sind sie nicht mehr fähig.

Sieh her, Gott, ich will dir danken:
Du hast den Menschen das Leben gegeben
und willst es auch erhalten.
Du hast uns die Erde anvertraut,
und sie soll uns allen nützen.
Deine Gerechtigkeit ist ohne Eigennutz –
sie gilt für alle Menschen.

Uwe Seidel

9.20

Zeichnung: Kochan

9.21

Ihr hört,
daß gesagt wird:

Die Erde
ist toter Stoff.
Die Erde
ist lebloses Zeug.
Die Erde
ist machbares Material.

Ich aber
sage euch:

Die Erde lebt.
Die Erde atmet.
Die Erde empfindet
Freude
und
Schmerz.

Ihr hört,
daß gesagt wird:

Legt allem,
was wächst,
die Axt an die Wurzel.
Planiert das Gelände.
Baut
das Grüne der Erde
schonungslos zu.

Ich aber
sage euch:

Zähmt den Beton.

Helft
der Pflanze zum Atmen.
Gebt
dem unersetzlichen Baum
eures Lebens
Raum.

Ihr hört,
daß gesagt wird:

Verfügt
über
die Erde.
Macht sie
euch
untertan.
Holt,
was sich holen läßt,
aus ihr
heraus.

Ich aber
sage euch:

Liebt
diese Erde.
Verhindert
den Raubbau.
Bebaut sie
als
die Oase
im All.

Wolfgang Dietrich

9.22 die erde untertan machen

sie stehen um ihn herum
reden über ihre sorgen
über die trockenheit
die im nächsten monat fällige pacht
von den schulden aus dem vorjahr
von den kindern
die seit monaten keine lehrerin haben
von dem priester
der am sonntag geduld fordert

einer will wissen
nun sag schon
fragt er
was das heißt
macht euch die erde untertan
der padrone weiß es
sagt er
der alkalde weiß es
die polizisten wissen es
und die priester
macht euch menschen untertan
sagen sie
dann besitzt ihr die erde

so ist es
sagen die andern

da erzählt er ihnen eine geschichte

schaut euch meine alte klapperkiste an
sagt er
sie ist einmal ein ganz hübsches auto gewesen
als sie neu war
aber als ich den wagen bekam
da hatte er schon seine sechzigtausend runter
und blieb alle nasenlang hängen

mit würgendem motor
der vergaser war verstopft
die lichtmaschine hin
die batterie
die reifen
die zündkerzen
was weiß ich

macht euch die erde untertan
heißt in unserer geschichte nichts anderes als
macht euch das auto untertan
baut eins
mit dem auch ein analphabet fertig wird
hier bei uns
leicht zu bedienen also
das nur die hälfte benzin verbraucht
ein drittel benzin
das nicht rostet im regen
weniger anfällig ist
und nicht mehr kostet
als der bezahlen kann
der es braucht
es muß nicht schneller als neunzig fahren
als achtzig
soll ja fahren und ankommen
nicht überfahren
nicht in rauch aufgehen
nicht zum totschläger machen
zum kindermörder
auch die großeltern wollen leben

und was für das auto gilt
gilt auch für alles andere
das licht müssen wir uns untertan machen
glühbirnen
die dreimal so lange brennen als unsere
und wenn die erfunden sind
neue
die wieder dreimal so lange brennen

und kunstdünger
der unsern boden fett macht
aber nicht vergiftet
und streichhölzer
die man zehn mal zehnmal anzünden kann
und hosen
die nicht kaputtgehen am hintern

damit sie reicht
unsere erde für alle reicht
müssen wir sie uns untertan machen
indem wir nur das von ihr fordern
was wir zum leben brauchen
zu einem menschenfreundlichen leben
nicht mehr ist uns zugesagt

macht alles so gut ihr könnt
nicht gerade so gut
wie ihr am meisten verdienen könnt
übervorteilt niemanden
teilt den erschlossenen reichtum
in gerechtigkeit

eine gute lehre für den armen mann
spottet der frager
du mußt sie dem reichen mann beibringen
antwortet er
mit geduld
fragt der frager
mit der zähigkeit dessen
der weiß
daß er in der wahrheit ist
sagt er
da werde ich mindestens fünf jahre kriegen
wirft der mann ein
und sie werden sich einbilden
ein gottwohlgefälliges werk zu tun
antwortet er

Kurtmartin Magiera

9.23 dritte welt

wer hat die dritte welt
gemacht?
wer hat uns die erste welt
zugeteilt?
wie kam die zweite welt
dazwischen?
wer hat die erste erste klasse
eingerichtet und sich darin
eingerichtet und den anderen
die zweite und dritte und
letzte überlassen,
übrig gelassen?
wer hat die menschheit in rassen
aufgespalten
und vorgeschrieben, daß eine rasse
hoch steht und die andere darum
tiefer stehen muß?
in der schöpfungsgeschichte
ist mit keinem wort von der
dritten welt
oder klassen
oder rassen
die rede.
aber die rede ist
von einer einzigen welt
für eine einzige menschheit
allen menschen
gehört diese einzige.
allen menschen gehört
diese erste
welt.

Josef Reding

9.24 Dritte Welt

Gott schuf das Weltall
und darin die Erde.
Auf dem kleinen Planeten
schufen wir Abendländer
die erste, zweite und
Dritte Welt.
Die Dritten sind nicht
die Zweiten
und erst recht nicht
die Ersten.
Die Ersten sind wir.
Wir schufen die Dritte Welt
als Zertrümmerer
alter Kulturen
wir schufen sie
mit Unterwerfung Raubbau
und Menschenverachtung.
Jahrhundertelang
befrachteten wir
die Schiffe mit Beute
verteilten fremdes Eigentum
erzwangen abendländische Tünche.
Die Dritte Welt
geplünderter Garten
betäubte Wunde der Erde
erwacht
geschüttelt von Krämpfen
um endlich zu leben.
Wir sind an der Reihe
den ersten Platz
zu verlassen.

Christa Peikert-Flaspöhler

9.25 Lob des Schöpfers

O großer Geist, dessen Stimme ich in den Winden vernehme und dessen Atem der ganzen Welt Atem spendet, höre mich!
Ich trete vor Dich hin als eines Deiner vielen Kinder. Ich bin klein und schwach. Ich bedarf Deiner Kraft und Weisheit. Laß mich in Schönheit wandeln und meine Augen immer den roten und purpurnen Sonnenuntergang schauen. Laß meine Hände die Dinge verehren, die Du gemacht hast, und meine Ohren die Stimme hören.
Schenke mir Weisheit, daß ich die Dinge, die Du mein Volk gelehrt hast, und die Lehre, die Du in jedem Blatt und jedem Felsen verborgen hast, erkennen möge.
Nicht um meinen Brüdern überlegen zu sein, suche ich Kraft, sondern um meinen größten Feind bekämpfen zu können – mich selbst.
Mache mich immer bereit, mit reinen Händen und geradem Blick zu Dir zu kommen, damit mein Geist, wenn dereinst mein Leben verblaßt wie die untergehende Sonne, ohne Scham zu Dir kommen möge.

Gebet der Sioux

9.26

Ich muß ihm zustimmen – Jesus,
der die Sanftmütigen selig preist.
Städte und Dörfer,
Straßen und Felder

möchte ich denen anvertrauen,
ja zu eigen geben,
die auf Druck und Gewalt,
auf Würgegriff und erstickenden Zwang,
auf Gestaltungsmanie,
auf Knüppel und Peitsche verzichten
und statt dessen hegen und behüten,
was sie umgibt.

Boden, Luft und Gewässer
möchte ich allein denen überlassen,
die keine Geschäfte im Sinn haben
um den Preis verwüsteter Flächen,
verseuchter, erstorbener Ufer,
verpesteter, verfinsterter Atmosphäre.

Ich möchte wie Jesus denen
die Verantwortung für die Erde geben,
die sie in eine Heimat der Menschen verwandeln
und ihr keine Gewalt mehr antun,
sondern die vertauschen
Baustellen gegen Gärten und Felder,
Straßen gegen Spielplätze und Parks,
Plastik und Plunder gegen Blumen und Pflanzen,
Hektik und Streß gegen Ruhe und viel Zeit.

Das Schicksal derer,
die noch leben werden auf dieser Erde,
ist gut aufgehoben bei denen,
die sich bescheiden und begrenzen,
die nichts sein wollen über andere.
Den Sanftmütigen gehört die Zukunft,
Gott hat sie ihnen zugedacht.

Manfred Fischer

9.27 Gebt den Kindern die Erde

Gebt den Kindern die Erde für einen Tag
für einen Tag.
Wie einen bunten Luftballon zum Spielen
Lieder singend unter den Sternen.
Laßt uns die Erde den Kindern geben,
nur für einen Tag.

Gebt den Kindern die Erde für einen Tag
für einen Tag.
Wie einen riesengroßen Apfel,
wie ein warmes Brot
nur für einen Tag sollen sie satt sein.
Laßt uns die Erde den Kindern geben,
nur für einen Tag.

Gebt den Kindern die Erde für einen Tag.
Nur für einen Tag
soll die Welt die Freundschaft kennen.
Sie werden uns die Erde nehmen
werden unsterbliche Bäume pflanzen.

Nazim Hikmet

Nach vierzig Tagen aber, als die Männer das Land ausgekundschaftet hatten, kehrten sie um; sie erzählten Mose und sprachen: Wir sind in das Land gekommen, in das du uns gesandt hast. Wohl fließt es von Milch und Honig, und dies sind seine Früchte; aber das Volk, das darin wohnt, ist stark, und die Städte sind sehr fest und groß.

Vgl. Numeri 13,25–28

9.28 expedition in zukunft

kennt ihr die geschichte
von den kundschaftern
aus dem alten testament

gott sagte zu mose
der mit dem volk in der wüste saß
übrigens
soll in der wüste
in der armut
gott ungeheuer viel *mehr* sprechen
als in einem wirtschaftswunderland
da gibt gott
kaum noch einen pieps von sich
also
mose saß mit dem volk in der wüste
und da sprach gott
aus dem hunger
aus dem sand
er sagte nämlich
bestelle 12 männer
12 kundschafter
die das land auskundschaften
das vor euch liegt

nimm aus jedem stamm
einen mann
aus allen 12 stämmen einen
was ist das ein kundschafter
fragte mose
wie sagte gott du weißt nicht
was ein kundschafter ist
du selbst bist doch einer
ach so sagte mose

ein kundschafter
ist ein träumer
ein phantast in den augen der andern
ein erfinder
ein erfinder der zukunft
ein erfinder neuer möglichkeiten zu leben
ein erfinder des landes das vor uns liegt
ein prophet
ein erfinder einer neuen zeit
einer neuen welt
erfinder des pardieses
erfinder des himmels
erfinder ewiger ferien
ein grenzgänger
das ist ein kundschafter

mose stellte also 12 männer frei
die das himmelreich
des volkes das paradies
erkunden erfinden entdecken sollten
die 12 zogen also aus
wohin
ins weite
oder nach innen
denn das paradies
liegt innen

nach 40 tagen
kehrten die kundschafter

zurück
nach ungefähr sechs wochen ferien
traumferien
sie hatten die existenztiefe
des neuen menschen ausspioniert

und dann sagten sie ▸
das land das vor uns liegt
ist wunderbar
laßt alles zurück
laßt das alte hinter euch
laßt den alten menschen hinter euch
das land in das wir ziehen
fließt von milch und honig
die kühe können die milch
nicht mehr halten
so saftig sind die weiden
die obstbäume brechen zusammen
vor fruchtbarkeit
die trauben platzen
und lassen den saft
in strömen fließen
ein land der fülle

das war die eine seite dessen
was berichtet wurde
andererseits wurde
von den kundschaftern ausgesagt
wir sehen in diesem land
menschen wie riesen
die städte des landes sind
mächtig und reich
menschenmörderisch
da werden wir zugrunde gehen
die menschen in den städten
haben keine zeit
sie rasen
und sind wie maschinen
das ist für uns nichts

wenn wir dieses land erobern
dann ist es unser untergang

und dann gab es
unter den 12 kundschaftern welche
die sagten
das land ist innen
ganz leise machten sie andeutungen
und wiederholten
das land ist innen
das paradies ist innen

und dann gab es
große auseinandersetzungen
im volk
die einen sagten so
die andern so
die einen meinten
man solle in der wüste bleiben
da wüßte man
was man hat
andere sagten
ja da weiß man daß wir zugrunde gehen
andere sagten
wohlstand ist das a und o
also auf vorwärts

die leisesten stimmen aber
wiederholten immer wieder
ganz bescheiden ▸

das land ist innen
das paradies muß in uns geboren werden
lassen wir aufbrechen
das land ist innen

das paradies muß aus uns geboren werden

Wilhelm Willms

9.29

2. Die Luft war frisch und klar,
Vögel sangen ihr Lied,
wo jetzt Gestank und Qualm und Dampf
in Schwaden herüberzieht.

3. Im Wasser schwamm ein Fisch
munter den Fluß hinauf,
jetzt fließt im Strom ein dicker Brei,
der Fisch tot obendrauf.

4. Wenn wir so weitergehn,
stirbt der blaue Planet,
noch können wir am Ruder drehn,
bald aber ist's zu spät.

Text und Melodie: Nis-Edwin List Petersen. Rechte beim Autor

9.30 rückkehr aus dem universum

die stoßtrupps
der menschheit
zum mond haben
nichts anderes auf
die erde
gebracht als
totes gestein und
falben sand.
auch unsere
signalkörper
auf anderen planeten
sagen uns:
kein leben auf
anderen gestirnen,
keine flucht ins
universum möglich.
wir sollten uns
mehr auf unsere
erde
besinnen
und sie
als unsere einzige
besser
behandeln.

Josef Reding

[5] Als aber der Herr sah, daß der Menschen Bosheit groß war auf
Erden, und daß alles Dichten und Trachten ihres Herzens die ganze
Zeit nur böse war, [6] da reute es den Herrn, daß er den Menschen
geschaffen hatte auf Erden, und es bekümmerte ihn tief. [7] Und der
Herr sprach: Ich will die Menschen, die ich geschaffen habe, vom
Erdboden vertilgen, die Menschen sowohl als das Vieh, auch die
kriechenden Tiere und die Vögel des Himmels; denn es reut mich,
daß ich sie gemacht habe. [8] Noah aber hatte Gnade gefunden vor
dem Herrn.

. . .

[13] Da sprach Gott zu Noah: Das Ende alles Fleisches ist bei mir
beschlossen; denn die Erde ist voller Frevel von den Menschen her.
So will ich sie denn von der Erde vertilgen. [14] Mache dir eine Arche
von Tannenholz; aus lauter Zellen sollst du die Arche machen, und
verpiche sie inwendig und auswendig mit Pech.

. . .

[1] Und der Herr sprach zu Noah: Gehe in die Arche, du und dein
ganzes Haus; denn dich habe ich gerecht vor mir erfunden unter
diesem Geschlechte. [2] Nimm dir von allen reinen Tieren je sieben,
Männchen und Weibchen, von den unreinen Tieren aber je ein Paar,
ein Männchen und ein Weibchen, [3] auch von den Vögeln des Him-
mels je sieben. Männchen und Weibchen, damit auf der ganzen Erde
Nachwuchs am Leben bleibe. [4] Denn nach sieben Tagen will ich
regnen lassen auf die Erde, vierzig Tage und vierzig Nächte lang,
und will alle Wesen, die ich gemacht habe, vom Erdboden vertilgen.
[5] Und Noah tat, ganz wie ihm der Herr geboten hatte.

. . .

[17] Da kam die Sintflut über die Erde, vierzig Tage lang, und die
Wasser wuchsen und hoben die Arche, und sie schwamm hoch über
der Erde. [18] Und die Wasser nahmen mächtig überhand und wuch-
sen gewaltig über der Erde, und die Arche fuhr auf den Wassern
dahin. [19] Und die Wasser wurden immer mächtiger über der Erde, so
daß alle hohen Berge unter dem ganzen Himmel bedeckt wurden.
[20] Fünfzehn Ellen stiegen die Wasser darüber hinaus, so daß die
Berge bedeckt wurden. [21] Da starb alles Fleisch dahin, das sich auf
Erden regte.

. . .

[1] Da gedachte Gott des Noah und all des Wildes und des Viehs, das
bei ihm in der Arche war. Und Gott ließ einen Wind über die Erde
wehen, und die Wasser sanken; [2] und es schlossen sich die Brunnen
der Urflut und die Fenster des Himmels. Dem Regen vom Himmel

ward gewehrt, 3 *und die Wasser verliefen sich nach und nach von der*
Erde. So nahmen die Wasser ab nach den 150 Tagen, 4 *und am*
siebzehnten Tage des siebenten Monats ließ sich die Arche auf den
Bergen von Ararat nieder.
...
15 *Da redete Gott mit Noah und sprach:* 16 *Geh aus der Arche, du und*
dein Weib und deine Söhne und deine Schwiegertöchter mit dir;
17 *und alle die Tiere, die bei dir sind, alle Geschöpfe: Vögel, Vieh*
und alles, was auf Erden kriecht, die laß heraus mit dir, daß sie sich
tummeln auf der Erde und fruchtbar seien und sich mehren auf
Erden. 18 *Da ging Noah hinaus ...*
20 *Noah aber baute dem Herrn einen Altar; dann nahm er von allen*
reinen Tieren und von allen reinen Vögeln und brachte Brandopfer
auf dem Altar. 21 *Und der Herr roch den lieblichen Duft und sprach*
bei sich selbst: Ich will hinfort nicht mehr die Erde um der Menschen
willen verfluchen; ist doch das Trachten des menschlichen Herzens
böse von Jugend auf. Und ich will hinfort nicht mehr schlagen, was
da lebt, wie ich getan habe. 22 *Solange die Erde steht, soll nicht*
aufhören Saat und Ernte, Frost und Hitze, Sommer und Winter, Tag
und Nacht.
...
8 *Dann sprach Gott zu Noah und zu seinen Söhnen, die bei ihm*
waren: 9 *Ich aber, siehe, ich richte einen Bund auf mit euch und*
euren Nachkommen 10 *und mit allen lebenden Wesen, die bei euch*
sind, Vögeln, Vieh und allem Wild des Feldes bei euch, mit allen, die
aus der Arche gekommen sind. 11 *Ich will einen Bund mit euch*
aufrichten, daß niemals wieder alles Fleisch von den Wassern der
Sintflut soll ausgerottet werden und niemals wieder eine Sintflut
kommen soll, die Erde zu verderben. 12 *Und Gott sprach: Dies ist das*
Zeichen des Bundes, den ich stifte zwischen mir und euch und allen
Lebewesen, die bei euch sind, auf ewige Zeiten; 13 *meinen Bogen*
stelle ich in die Wolken; der soll ein Bundeszeichen sein zwischen
mir und der Erde. 14 *Wenn ich nun Wolken häufe ob der Erde und*
sich der Bogen in den Wolken zeigt, 15 *dann will ich des Bundes*
gedenken, der da besteht zwischen mir und euch und allen lebenden
Wesen, und niemals wieder sollen die Wasser zu einer Sintflut
werden, die alles Fleisch verderbe. 16 *Und wenn der Bogen in den*
Wolken steht, will ich ihn ansehen, um des ewigen Bundes zu
gedenken zwischen Gott und allen lebenden Wesen, die auf Erden
sind. 17 *Und Gott sprach zu Noah: Dies ist das Zeichen des Bundes,*
den ich aufrichte zwischen mir und allem Fleische, das auf Erden ist.

Aus Genesis 6–9

9.31

Paul Flora: Erwartung

9.32 noa

als gott sah
so sagt die bibel
daß die menschen
durch und durch böse geworden waren
da tat es ihm leid
sie gemacht zu haben

und er wollte neu anfangen
auf der erde
er wollte die menschen
ertränken
und neu beginnen
er wollte die menschen untergehen lassen
in den bösen fluten ihrer eigenen sünde
und sie kennen die geschichte
wie einer gerettet werden sollte
mit seiner familie
wie der auf die idee kam
ein schiff zu bauen
die arche
wie er von allen tieren ein pärchen
in die arche hineinnahm
dann seine söhne und deren frauen . . .
alle gingen unter
die noa vorher verlacht hatten
und noa schwamm oben
auf den fluten die für alle welt
zum grab wurden
vierzig tage dauerte der regen
der die erde überschwemmte
und da schickte noa einen raben heraus
zu erkunden
ob irgendwo wieder land sichtbar würde
der rabe kam zurück

weil er noch keinen fuß fassen konnte
nach tagen schickte er ihn wieder aus
da kam er nicht mehr zurück
also ▸ die wasser sanken
hieß das
der aasfressende rabe
hatte schon was gefunden
und noa schickte wieder nach tagen
eine taube aus
sie kam zurück
die taube fand noch nichts
wo sie landen konnte
nach tagen schickte er sie wieder aus
da kam sie zurück
einen grünen zweig im schnabel
einen ölzweig
ah dachte noa ▸
es gibt wieder ölbäume im land
bald können wir landen
bald kriegen wir wieder
ein bein auf die erde
bald sind die schmutzigen wasser
des bösen von der erde abgeflossen

der ölzweig
wurde zum zeichen
daß es weitergehen kann
das leben
daß der mensch wieder leben kann
auf der erde
der grüne zweig
wurde zum zeichen des friedens
auf der erde
der grüne zweig ist
bis auf den heutigen tag
das zeichen

daß die menschen wieder
auf einen grünen zweig kommen
der grüne zweig in unserer hand
ist ein heißes eisen
eine brennende frage
nämlich ►
sind wir
bereit
frieden zu stiften
frieden zu machen
der grüne zweig in unserem haus
ist eine aufforderung zum frieden

die erde
hier ist wieder bewohnbar
hier kann man wieder
ein bein auf die erde kriegen
wir hier
sind auf einen grünen zweig gekommen

herr erbarme dich unser

es erbarme sich unser
der barmherzige gott
er nehme fort von uns
die schmutzigen wasser des bösen
die sündflut des unfriedens des hasses
des neides
in denen wir untergehen
mit denen die umwelt verschmutzt wird
und er lasse uns alle
wieder auf einen grünen zweig kommen
auf den grünen zweig des friedens
auf den grünen ölzweig
des guten geistes
des heiligen geistes

amen!

Wilhelm Willms

9.33 Einmal möchte ich wie Noach

Einmal möchtc ich
wie Noach
die Stimme hören
und wissen
daß das stimmt
was er sagt
und wissen
daß auch
was mein Ohr nicht hört
darum
nicht
ungesagt blieb

Einmal möchte ich
wie Noach
eine Arche vermessen
und wissen
daß das Maß
das er setzt
stimmt
und wissen daß
das Ausmaß
das ich nicht übersehe
von ihm
ausgemessen wird

Einmal möchte ich
wie Noach
eine Arche bauen
können
gegen das Lachen
der Lacher
gegen das Wissen

der Besserwisser
und glauben
daß ich das
aushalten
kann

Kurt Wolff

9.34 Nicht-Noe

Du willst eine Arche bauen,
höre ich,
um Leben zu retten.
Es wird schwer sein,
die Planken zu finden,
wenn grüne Bäume
im Gifthauch der Sinnarmut
dorren.
Die Stämme der Güte
wachsen langsam heran,
und Lagerstätten entdecken
wir selten.
Es wird hartes Mühen und
Ausdauer kosten,
verbindende Krampen zu schmieden,
weil wir fast alle ungeübt sind.

Du planst es ganz anders?
Du gehst mit der Zeit
und nimmst Kunststoff,
um Leben zu retten?
Du wählst die menschliche Schöpfung,
die sich – wie du meinst –
in jede Form pressen läßt,

die sich spröde und weich,
dehnbar und starr
in allem scheinbar den Wünschen
fügt und die nahtlos hält?

Wen von der unübersehbaren Menge
sonderst du aus?
Wer ist deiner Rettung wert?
Wer wird dir folgen,
das Zeichen des Regenbogens
nicht mehr im Auge,
das Wort seines Schöpfers
nicht mehr im Ohr?
Vielleicht willst du allein
der endlosen harten Arbeit
für Frieden, Gerechtigkeit,
Brüderlichkeit
einer stöhnenden Menschheit
entrinnen.

Welche Flut, glaubst du,
wird dich tragen
auf den Berg des Landes,
das die Taube unverletzt
mit dem Ölzweig
zurückkehren läßt?

Christa Peikert-Flaspöhler

9.35

Zeichnung: Bosc

9.36 Das Lied vom Regenbogen

Geehrter Herr!
Entschuldigen Sie,
ich wüßte nur zu gerne Bescheid.
Zum Disponieren
und Bündel Schnüren,
da brauche ich schließlich Zeit.

Sie haben einst
Vertrag gemacht
mit Noah und Söhnen und Co.
Und als Sie den
unter Dach gebracht,
da hieß es bekanntlich so:

> Meinen Bogen hab ich gesetzt
> in die Wolken.
> Der soll das Zeichen sein des Bundes
> zwischen mir und der Erde.
> Und wenn es kommt,
> daß ich Wolken über die Erde führe,
> so soll man meinen Bogen sehen
> in den Wolken.
> Alsdann will ich denken an meinen
> Bund zwischen mir und euch,
> daß nicht mehr hinfort eine Sintflut
> komme.
> Darum soll mein Bogen
> in den Wolken sein,
> daß ich ihn ansehe.

Geehrter Herr!
Ich frage mich sehr,
sehen Sie Ihren Bogen noch an?
Ich frage nur, weil von unten her
man gar nichts mehr sehen kann.
Die Welt ist grau umzogen.

Der Regenfall ist groß,
wo ist ein Regenbogen?
Es regnet bogenlos.
Und was nicht Gottes Wolken sind,
ist Dreck von unserer Hand.
Und wenn es Regenbögen gibt,
dann nur mit Trauerrand,
dann nur mit Trauerrand.

Geehrter Herr,
entschuldigen Sie,
man redet nur jetzt soviel
von Sintflut und von Untergang,
vielleicht als Gesellschaftsspiel?
Das macht sich gut,
gibt harten touch
und Kamikaze-Flair.
Und jeder denkt:
quatsch ihn doch mit den Quatsch –
das kostet nichts
und putzt doch sehr:

„Vor uns die Sintflut."
„Sie ist gar nicht mehr aufzuhalten
und das Abendland ist als erstes dran,
mitsamt der Mondscheinsonate!"
„Prost, Ihr Spezielles!"
„Haben Sie die Blätterteigpastete
schon probiert? Schieres Gift
sage ich Ihnen,
aber wir essen ja nur noch Gift,
das ist doch wenigstens etwas,
zwei Drittel der Menschheit
haben ja überhaupt nichts mehr
zu essen!"

„Die Atmosphäre wird immer heißer!"
„Ich habe gehört, sie wird immer kälter."
„Das kommt aufs gleiche raus."

„Das Polareis wird immer dicker."
„Ich habe gelesen, es schmilzt ab."
„Der Effekt ist der gleiche."
„Die Sintflut kommt –
na ja, in Ängsten, aber siehe, wir leben
– die Sintflut kommt!"
„Wann?"
Ach irgendwann!
Möglicherweise – könnte sein – –

Und jeder denkt:
Sie wird schon nicht.
Wir ruhen in Gottes Hand.
Und Gott hat einst
als Bundespfand
den Regenbogen gesandt.

Er hat uns abgewogen
und für zu leicht erkannt.
Gottes Regenbogen
hat einen Trauerrand.

Gottes Regenbogen
hat einen Trauerrand.

Wolfgang Franke

9.37 Morgenlied

Wer
Hand aufs Herz
der das Fenster
aufstößt
traut schon
dem Frieden

Der Strohhalm
im Schnabel der Taube
läßt zwar vermuten
daß sich die Wasser verliefen

Was anderes aber
beweist
der Regenbogen
über wiederaufgestiegenen Städten
als daß ein Tropfen
das Licht ablenkt
und in sein Spektrum zerlegt

Wer
läßt sich wie Noah
gesagt sein
hier sei ein Hoffnungsschimmer
dies sei die letzte
Sintflut gewesen

und wir könnten
die selbstgezimmerte Arche
als blutige Anfänger
wieder verlassen?

Eva Zeller

9.38 Wie ich ein Fisch wurde

1
Am 27. Mai um drei Uhr hoben sich aus ihren Betten
Die Flüsse der Erde, und sie breiteten sich aus
Über das belebte Land. Um sich zu retten
Liefen oder fuhren die Bewohner zu den Bergen raus.

2
Als nachdem die Flüsse furchtbar aufgestanden,
Schoben sich die Ozeane donnernd übern Strand,
Und sie schluckten alles, was noch vorhanden,
Ohne Unterschied, und das war allerhand.

3
Eine Weile konnten wir noch auf dem Wasser schwimmen,
Doch dann sackte einer nach dem andern ab.
Manche sangen noch ein Lied, und ihre schrillen Stimmen
Folgten den Ertrinkenden ins nasse Grab.

4
Kurz bevor die letzten Kräfte mich verließen,
Fiel mir ein, was man mich einst gelehrt:
Nur wer sich verändert, den wird nicht verdrießen
Die Veränderung, die seine Welt erfährt.

5
Leben heißt: Sich ohne Ende wandeln.
Wer am alten hängt, der wird nicht alt.
So entschloß ich mich, sofort zu handeln,
Und das Wasser schien mir nicht mehr kalt.

6
Meine Arme dehnten sich zu breiten Flossen,
Grüne Schuppen wuchsen auf mir voller Hast;
Als das Wasser mir auch noch den Mund verschlossen,
War dem neuen Element ich angepaßt.

7
Lasse mich durch dunkle Tiefen träge gleiten,
Und ich spüre nichts von Wellen oder Wind,
Aber ich fürchte jetzt die Trockenheiten,
Und daß einst das Wasser wiederum verrinnt.

8
Denn aufs neue wieder Mensch zu werden,
Wenn man's lange Zeit nicht mehr gewesen ist,
Das ist schwer für unsereins auf Erden,
Weil das Menschsein sich zu leicht vergißt.

Günter Kunert

9.39

Zeichnung: Adolf Born

9.40 Noahs Lotse

Als Puzur-Enlil
nach einem letzten
schwierigen Steuermanöver
durch die Untiefen des Küstengewässers
sich anschickte,
die Arche zu verlassen,
stellte Noah die Frage,
die ihn vierzig Tage
und vierzig Nächte lang
gequält hatte:
Wohin wirst du gehen,
da es weder Mensch
noch Tier noch Blume gibt
auf der zerstörten Erde?

Puzur-Enlil
blickte Noah an.
Sprachlos, doch ohne Hast
ließ er das Floß hinab
aufs Wasser,
paddelte
dem Ufer entgegen.

Als er das Floß hochzog
auf schlammigen Grund,
hörte er
über den nahen Hügel hinweg
Kinderstimmen
und den Ruf einer Frau.
Puzur-Enlil lächelte
und stapfte
mit schnellen Schritten
die Böschung hinauf.

Erhard Domay

9.41 Der Engel

Die Engel waren vor dem Angesicht Gottes versammelt und hörten, was Raphael berichtete, der eben von der Erde zurückkam, wo er unter den Menschen unerkannt geweilt hatte. Er wußte leider wenig Gutes zu vermelden; nichts als Missetat, Sünde und Verkehrtheit hatte er bei den Menschen angetroffen.
Wie er also sprach, ging ein Schauer durch die Versammlung; einen der jüngeren Engel aber überwältigte sein Gefühl und er meinte: „O Herr, deine Langmut ist unerschöpflich! Ich hätte an deiner Statt schon lange das Menschengeschlecht vertilgt."
Der Herr blickte auf, da erschrak der Engel und schämte sich seines Vorwitzes.
Jedoch der Herr sprach milde: „Wiewohl du der Jüngsten einer bist, will ich deinen Rat annehmen. Gehe hin und rotte die Menschheit aus mit Feuer und Schwert."
Da entsetzte sich der Engel und wußte nicht, was er antworten sollte. Und der Herr befahl ihm abermals: „Höre, was ich dir sage. Nimm eine Geißel, ein Schwert und einen Feuerbrand und fahre unter die Menschen, daß nicht eine Seele übrigbleibe."
Der Engel begab sich schweigend aus dem Kreise der Seinigen und bereitete sich betrübten Herzens zu tun, was ihm aufgetragen war. Er stieg zur Erde hernieder und kam an eine große, öde Heide. Nur eine armselige Hütte stand in dieser Einsamkeit; und der Engel ging zu der Hütte und sah, daß sie elend und jammervoll anzuschauen war: die Tür hielt nicht mehr in den Angeln, die Fenster waren zerschlagen, und durch die leeren Öffnungen blies ein eiskalter Wind. Als der Engel nähertrat, hörte er herzzerreißendes Wimmern. Er schritt vorsichtig über die Schwelle, und da gewahrte er ein abgehärmtes Weib, das war selbst in Lumpen gehüllt und drückte ein paar halbnackte Kinder an die Brust. Mutter und Kinder zitterten vor Frost; die Haut der Kleinen war wie abgestorben. Als aber die Frau des Engels ansichtig wurde, da schrie sie laut auf und rief: „Oh, dich hat Gott uns gesandt! Gib, daß wir uns ein wenig wärmen können, sonst müssen wir alle elendiglich umkommen!"
Der Engel aber war von Mitleid ergriffen und legte, ohne zu wissen, was er tat, seinen Feuerbrand auf den kalten, zerfallenen

Herd. Und siehe, mit einem Male wurde es köstlich warm in dem Raume, und ein süßer Duft von Weihrauch und Myrrhen ging von dem Herde aus; die Brandfackel aber löste sich auf in glühende Kohle. Die Frau fiel dem Engel zu Füßen und wollte den Saum seines Kleides küssen. Ihn aber erfaßte ein Schreck, und er entwich aus der Hütte.

Und wie er mit starken Schritten weiterging, da kam er an einen großen Strom. Schon von ferne hörte er den Aufruhr der Elemente; der Sturm heulte über das Wasser und warf es in hohem Bogen auf. Der Engel ging oben auf dem Deich. Das Wasser tobte, rauschte und nagte zu seinen Füßen, der Strom war breit wie ein See.

All den Lärm jedoch übertönte ein gellender Hilfeschrei. Der Engel eilte vorwärts, der Stimme nach; und er sah einen Kahn treiben und einen Menschen, der ganz nahe am Ufer mit den Wogen kämpfte, doch das Ufer nicht erreichen konnte und zu versinken im Begriffe war. Von Mitleid getrieben, legte der Engel sich nieder und streckte seine Geißel in den Strom hinaus; der Unglückliche konnte das Ende der Geißel erfassen und sich daran zum Ufer ziehen.

Aber sich hinaufzuschwingen, hatte er nicht mehr die Kraft. So mußte denn der Retter ihm die Hand reichen, indem er sich mit der anderen Hand an einer Weide festhielt. Es gelang ihm, den Ertrinkenden in Sicherheit zu bringen, aber die Geißel fiel dabei in den Strom und versank sogleich.

Der Engel betrachtete den Menschen und erkannte, daß es ein schöner Jüngling war und fragte: „Warum hast du dich bei solchem Sturm auf den wütenden Strom begeben?"

„Ach, drüben wohnt meine Braut", antwortete der Gerettete. „Heute sollte unsere Hochzeit sein. Da hat ein hitziges Fieber meine Braut ergriffen, und sie liegt im Sterben. Ihr letzter Wunsch war, mich noch einmal zu sehen, und nun muß sie ohne mich sterben!"

Da wurde dem Engel das Herz schwer; doch er riß sich los von dem Jüngling und zog weiter. Seine Straße führte ihn an ein festes Schloß mit vergitterten Fenstern; ein alter Mann stand davor, weinte, jammerte und rang die Hände. Da fragte der Engel: „Warum weinst du?" Der Alte antwortete: „Hinter dieser Mauer liegt mein einziger Sohn im ewigen Gefängnis."

„Um weswillen hat man ihn denn in das Gefängnis gebracht?“ fragte der Engel weiter.
Der Alte schluchzte laut auf, erst nach einer Weile vermochte er zu sprechen: „Der Unglückliche hat sich gegen einen Oberen aufgelehnt. Sein bester Freund wurde mißhandelt von dem Oberen, da übermannte ihn der Zorn, er schalt wider den Oberen und erhob gegen ihn die Hand. Dafür soll er nun im ewigen Kerker schmachten.“
Der Engel war von innigem Mitleid ergriffen, doch wußte er nicht, was er tun sollte. Der unglückliche Vater aber fuhr fort: „Oh, du bist uns gewiß vom Himmel gesandt; du wirst uns mit deinem Schwert befreien.“
Und es erfaßte den Engel so, daß er sich nicht besinnen konnte; er holte aus und schlug gegen die Eisenstangen. Oben hatte er sie sogleich durchschlagen, aber unten, wo sie dicker waren, widerstanden sie noch. Da holte er aus zu einem gewaltigen Streiche; sein Schwert schnitt das Eisen wie Sägespäne durch, aber zerschellte dann wie Glas an den Quadern der Mauer. Und aus dem Fenster stieg ein bleicher, abgezehrter, schöner Jüngling.
Vater und Sohn lagen sich in den Armen. Dem Engel schwoll vor Liebe und Erbarmen das Herz, er wies den beiden die Straße in ein freies Land.
Dann aber ging er seines Weges fürbaß. Wie er aber so wanderte, fiel es ihm ein, daß er die Geißel, sein Schwert und die Fackel verloren hatte. Und er erschrak heftig und kehrte mit bangendem Herzen vor Gottes Antlitz zurück. Er erwartete den Tadel und schwere Strafe, er warf sich vor dem Angesicht des Herrn nieder, demütigte sich und sprach: „Verzeihe mir, Herr, ich habe deinen Befehl schlecht ausgeführt.“ Aber der Herr erwiderte lächelnd: „Hast du meine Langmut jetzt begreifen gelernt?“

Gerhard Ouckama Knoop

9.42 Zuflucht noch hinter der Zuflucht

(für Peter Huchel)

Hier tritt ungebeten nur der wind durchs tor

Hier
ruft nur gott an

Unzählige leitungen läßt er legen
vom himmel zur erde

Vom dach des leeren kuhstalls
aufs dach des leeren schafstalls
schrillt aus hölzerner rinne
der regenstrahl

Was machst du, fragt gott

Herr, sag ich, es
regnet, was
soll man tun

Und seine antwort wächst
grün durch alle fenster

Reiner Kunze

9 Und er sprach: Gehe und sprich zu diesem Volke:
Höret immerfort, doch verstehet nicht, und sehet im-
merfort, doch erkennet nicht! 10 Verstocke das Herz
dieses Volkes, mache taub seine Ohren und blind seine
Augen, daß es mit seinen Augen nicht sehe und mit
seinen Ohren nicht höre, daß nicht sein Herz einsichtig
werde und man es wieder heile. 11 Da sprach ich: Wie
lange, o Herr? Und er antwortete: Bis daß die Städte
öde liegen ohne Bewohner und die Häuser ohne Men-
schen und das Fruchtland nur noch Wüste ist 12 und
der Herr die Menschen weit hinwegführt und die Ver-
ödung groß wird inmitten des Landes.

Jesaja 6,9–12

1 Freuen sollen sich die Wüste und das dürre Land,
frohlocken die Steppe und blühen! Gleich der Narzisse
2 soll sie blühen und frohlocken, ja frohlocken und ju-
beln! Die Herrlichkeit des Libanon wird ihr gegeben,
die Pracht des Karmel und der Saronflur. Jene sollen
die Herrlichkeit des Herrn, die Pracht unsres Gottes
schauen. 3 Stärket die schlaffen Hände und festigt die
wankenden Kniee! 4 Saget zu denen, die verzagten Her-
zens sind: Seid getrost, fürchtet euch nicht! Siehe da
euer Gott! Rache zu üben kommt er; es kommt die
Vergeltung Gottes, er selbst kommt und hilft euch.
5 Alsdann werden die Augen der Blinden aufgeschlos-
sen, und die Ohren der Tauben werden aufgetan. 6 Als-
dann wird der Lahme springen wie ein Hirsch, und die
Zunge des Stummen wird jauchzen; denn in der Wüste
brechen Wasser hervor und Bäche in der Steppe, 7 und
der glühende Sand wird zum Teiche und das durstige

Land zu Wasserquellen. An der Wohnstatt, wo Scha-
kale lagerten, ist eine Stätte für Rohr und Schilf, 8 *und*
dort wird eine reine Straße sein, und „Heiliger Weg“
wird man sie nennen.

Jesaja 35,1–8 a

1 *Und ich sah einen neuen Himmel und eine neue Erde;*
denn der erste Himmel und die erste Erde sind ver-
schwunden, und das Meer ist nicht mehr.

. . .

5 *Und der auf dem Throne saß, sprach: „Siehe, ich*
mache alles neu.“
Und er sagte [zu mir]: Schreibe! denn diese Worte
sind zuverlässig und wahr.

. . .

1 *Und er zeigte mir einen Strom des Wassers des Le-*
bens, klar wie Kristall, der vom Throne Gottes und des
Lammes ausging. 2 *Inmitten ihrer Straße und auf bei-*
den Seiten des Stromes standen Bäume des Lebens, die
zwölf Früchte tragen, indem sie jeden Monat ihre
Frucht bringen; und die Blätter der Bäume [dienen]
zur Heilung der Völker.

Offenbarung 21,1.5; 22,1–2

9.43 Marterl

Hier liegt, mit Tode abgegangen, unsre Stadt,
sie starb, weil sie sich selber ausgerottet hat
durch Gift im Fluß, durch schwefelgelben Rauch,
durch Höllenqualm, durch Rattern und Gefauch,
durch Geldsackplanen, Torheit, falsche Pracht
und Habgier derer, die den Plan gemacht,
durch Abgas, Mulm und seifenweißen Schaum
bei grauem Grashalm, bei verdorrtem Baum,
durch Auszehrung der Lungen im Asphalt,
durch Bleichsucht, krebsig wuchernde Gestalt,
durch Smog und Sud, durch teuflischen Gestank,
bis sie verrottet in die Grube sank.

So setzte sie sich selbst den Leichenstein –
mög Gott ihr diesen Unverstand verzeihn.

Rudolf Otto Wiemer

9.44

Honest Schempp: Posaunenengel (1964)

9.45 Profitopolis

wohnung
auf wohnung
gestapelt
turm
über türme
gestülpt

und plötzlich
schreie
durch alle böden
hindurch

jetzt werden
unterschriften gesammelt
für schallisolierung

Kurt Marti

9.46 Falscher Alarm

sollte es nicht gelingen,
das bisherige Tempo der
Luftverschmutzung, der
Wasserverseuchung sowie der
Landzerstörung entscheidend
zu drosseln,
erscheint es mehr als fraglich,
ob die gesamte Menschheit
noch das Jahr zweitausend
erleben wird.
Schrieb eine Zeitung.

Ein Glück, daß uns die
Exegeten da beruhigen können!
Die Vorstellung eines Weltendes
sei ein Rest spätjüdischer
Apokalyptik und mythologischen
Denkens und von da
in das Neue Testament geraten,
also alles andere als
wörtlich zu nehmen.

Lothar Zenetti

9.47 Apokalyptisch

Das Ende der Welt
ist ausmalbar geworden,
insofern nicht länger malbar.

Das Ende der Welt
ist nicht mehr zu diskutieren,
sondern zu verhindern.

Notfalls, wie
in unserem Fall, mit Gottes,
sprich: unserer!, Hilfe.

Jürgen Rennert

9.48 Hinter dem Friedhof

Hinter dem Friedhof, neben dem Weg,
ist ein Friedhof voll Abfall,
wo rostiges Eisen liegt, Scherben
von Ton, zerbrochene Rohre, verbogener Draht,
leere Zigarettenschachteln, Sägemehl
und Bleche, altes Plastik, abgefahrene Reifen,
und alles wartet wie wir auf die Auferstehung.

Ernesto Cardenal

9.49 Wir träumen einen Traum

1. Wir träumen einen Traum
und wenn auch alle lachen,
wir träumen einen Traum
von einer bessern Welt.

Da sind die Blumen nicht aus Schaum,
da sind die Tränen nicht aus Glas,
da ist die Freude nicht geschminkt,
da ist das Leben schön.

2. Wir träumen einen Traum
und wenn auch alle mahnen,
wir träumen einen Traum
von einer bessern Welt.

Da sind die Helden mangelhaft,
da sind die Eichen angesägt,
da ist die Wahrheit nicht gezinkt,
da ist das Leben schön.

3. Wir träumen einen Traum
und schenken ihm das Leben,
wir träumen einen Traum
und machen uns die Welt.

Da ist der Mensch dem Menschen gleich,
da ist der Christus ganz aus Fleisch,
da ist die Auferstehung wahr,
da ist das Leben schön.

Günter Hildebrandt

9.50

Max Beckmann: Off. Joh. 11,3–13: Das zehnte Teil der Stadt fiel...

9.51

Max Beckmann: Off. Joh. 22,1: Und er zeigte mir einen lautern Strom lebendigen Wassers . . .

9.52 Es kommt ein Tag

Es kommt ein Tag
nach allen Tagen
dieser alten Erde
Tag des Herrn genannt
an dem Gott Schluß macht

Schluß macht
mit der Macht der Mächtigen
über die Angst der Schwachen

Schluß macht
mit dem Weinen der Kinder
weil die Mutter kein Brot hat

Schluß macht mit dem Stöhnen der Gefolterten
und dem Sadismus ihrer Peiniger

Schluß macht
mit dem Gleichgewicht des Schreckens
und dem Verbrennen seiner guten Erde

Schluß macht
mit der Verachtung der Wahrhaftigen
und den gemeinsamen Intrigen der Lügner

Schluß macht
mit der Verfolgung seiner Kinder
und den Verhören in der Nacht

Dann
wird unsagbare Freude sein
wird helles Lachen herrschen
wird an reichen Tischen gegessen
werden Menschen lallen vor Glück
werden wir sein wie die Träumenden

Jetzt schon
träumen wir
von diesem Land
mit wachen Sinnen
in guter Hoffnung
üben wir Zukunft ein
widerstehen der Bosheit
und verkünden sein Heil

Johannes Hansen

Quellennachweis

S. 19 Aus: U. Maastricht, Liturgie der Ostern. Midden onder, in: H. G. Schmidt (Hg.), Zum Gottesdienst morgen. Jugenddienst-Verlag, Wuppertal 1969, S. 194; S. 20 Aus: Ders., Die Welt hat noch eine Zukunft. Kreuz Verlag, Stuttgart 1973; S. 23 Aus: Dies., Sachzwänge. Heyne Cartoon und Satire. Bd. 17, München 1981; S. 24 Aus: Reformiertes Kirchenblatt, Heft 12/1980, Wien; S. 26 Aus: Kurt Marti, geduld und revolte. gedichte am rand. © RADIUS-Verlag, Stuttgart 1984, S. 32f.; S. 28 Aus: Dialog mit der Bibel. Malerei und Grafik aus der DDR zu biblischen Themen. Evang. Haupt-Bibelgesellschaft zu Berlin und Altenberg ^{2}1985, S. 20; S. 29 Aus: Th. Sundermeier (Hg.), Südafrikanische Passion, Luther Verlag, Bielefeld 1977, S. 13. Rechte: P. Hammer Verlag, Wuppertal; S. 30 (9.9) Aus: Ders., Loblied vor der Klagemauer. Verlag Styria, Graz, Wien, Köln ^{3}1983; (9.10) Aus: Ders., Niedergefahren zur Erde. Quell Verlag, Stuttgart ^{3}1980, S. 14f.; S. 32 © P. Leger; S. 33 Aus: Gesammelte Schriften für Erwachsene. Atrium Verlag, Zürich 1969. © Copyright by Erich Kästner Erben, München; S. 34 © H. D. Hüsch; S. 36 © L. Hirsch; S. 38 © Jals; S. 39 Aus: Dies., Auf dem Wasser gehen. Deutsche Verlags-Anstalt, Stuttgart 1979; S. 41 Aus: Dies., Sage und schreibe. Deutsche Verlags-Anstalt, Stuttgart 1971; S. 42 © A. Juhre; S. 43 Aus: U. Seidel/D. Zils, Psalmen der Hoffnung. Texte für jeden Tag. Schriftenmissions-Verlag, Neukirchen-Vluyn ^{2}1982; S. 44 © Kochan; S. 45 Aus: Ders., GegenSätze. Antithesen im Sinne Jesu. Verlag am Eschbach, Eschbach 1984, S. 10, 46, 52; S. 47 Aus: Ders., Ich habe dein Gesicht gesehen. © Verlag Butzon & Bercker, Kevelaer 1975, S. 30f.; S. 50 © J. Reding; S. 51 Aus: Dies., Stellenangebot. Lahn-Verlag, Limburg ^{2}1985, S. 45; S. 52 (9.26) Aus: Ders., Einmischung in innere Angelegenheiten. Quell Verlag, Stuttgart ^{2}1981, S. 58; S. 54 Aus: Lieder gegen den Krieg, Heyne Buch 18. © buntbuch-Verlag, Hamburg; S. 55 Aus: Ders., aus der luft gegriffen. bausteine zu gottesdiensten mit kindern und familien. © Verlag Butzon & Bercker, Kevelaer ^{4}1984, S. 120ff.; S. 60 © J. Reding; S. 63 Aus: Ders., Penthouse. © by Diogenes Verlag AG, Zürich; S. 64 Aus: Ders., aus der luft gegriffen, a. a. O., S. 76f.; S. 67 Aus: Ders., Ein Maulbeerbaum für die Übersicht. Neukirchener Verlag, Neukirchen-Vluyn 1980, S. 36; S. 68 Aus: Dies., Stellenangebot, a. a. O., S. 68f.; S. 70 Aus: Ders., Alles, bloß das nicht. © 1982 by Diogenes Verlag AG, Zürich; S. 71 © W. Franke; S. 74 Aus: Dies., Sage und schreibe, a. a. O., S. 58; S. 75 Aus: Ders., Erinnerung an einen Planeten. © 1963 Carl Hanser Verlag, München, Wien; S. 76 © Dikobraz; S. 77 © E. Domay; S. 81 Aus: Ders., Zimmerlautstärke, © S. Fischer Verlag GmbH, Frankfurt am Main 1972; S. 84 Aus: Almanach für Literatur und Theologie. P. Hammer Verlag, Wuppertal 1975; S. 85 © H. Schempp; S. 86 Aus: Ders., Meergedichte, Alpengedichte. W. Fietkau Verlag, Berlin 1975; S. 87 Aus: Ders., Texte der Zuversicht. Verlag J. Pfeiffer, München ^{5}1981, S. 134; S. 88 (9.47) Aus: Dialog mit der Bibel, a. a. O., S. 196; (9.48) Aus: Ders., In der Nacht leuchten die Wörter. Poetisches Werk, Bd. 1. P. Hammer Verlag, Wuppertal 1985; S. 89 Aus: Leben wird es geben, 1975. Melodie P. Janssens. Rechte: Peter Janssens Musik Verlag, Telgte/Westfalen; S. 90 © VG Bild-Kunst, Bonn 1987; S. 91 © VG Bild-Kunst, Bonn 1987; S. 92 Aus: Ders., Nach dem Dunkel kommt ein neuer Morgen. R. Kawohl-Verlag, Wesel 1978. – Einige Quellennachweise sind trotz Bemühungen des Verlags nicht möglich. Diesbezügliche Hinweise sind an den Verlag zu richten.

Register der Bibelstellen der Bände 1–9

In den Bänden 1–9 der Reihe *Biblische Texte verfremdet* werden Verfremdungen zu folgenden biblischen Texten angeboten: (Da die Texte und Bilder in Band 1 auf das ganze Buch verteilt sind, werden die Kennziffern bzw. die Seitenzahlen notiert, unter denen der Text bzw. das Bild zu finden sind. Das Inhaltsverzeichnis der Folgebände gibt raschen Aufschluß über die gesuchten biblischen Texte.)

Die bisherigen Bände der Reihe „Biblische Texte verfremdet“

1: Biblische Texte verfremdet. Grundsätze – Methoden – Arbeitsmöglichkeiten
2: Warten, daß er kommt. Advent und Weihnachten
3: Wer den Nächsten sieht, sieht Gott
4: Jesus. Anfragen und Bekenntnisse
5: Warum ich Gott so selten lobe
6: Frauen
7: ... und alle wurden satt. Vom Brot und anderen Lebens-Mitteln
8: Bergpredigt
9: Und siehe, es war sehr gut. Schöpfung und Weltverantwortung